AF314773

L'ÉVANGILE

DU PEUPLE

DÉFENDU.

Impr. Pommeret et Guénot, rue Mignon, 2.

L'ÉVANGILE

DU

PEUPLE

DÉFENDU

PAR

ALPHONSE ESQUIROS.

PARIS

LE GALLOIS, ÉDITEUR,
RUE NOTRE-DAME-DES-VICTOIRES, 36.

—

1841

Après dix-neuf jours de publicité, lorsque de nombreux journaux et une revue non *politique* en avaient cité des fragments considérables, tant le fond de l'ouvrage se détache des questions vulgaires du moment, *l'Évangile du Peuple* a été saisi le lundi 16 novembre.

Nous sommes encore à nous expliquer comment cette voie de fait a pu nous atteindre.

En écrivant dans un livre à l'usage de tous la vie de Jésus de Nazareth le charpentier, surnommé *Parole de Dieu*, nous n'avons rien dit sur lui qui ne fût expressément consigné dans le livre qui contient l'histoire authentique de sa vie. De quoi nous accuse-t-on? D'avoir avancé, par exemple, que Jésus-Christ mangeait avec les publicains et les pécheurs, qu'il a parlé avec intérêt à deux filles de mauvaise vie, qu'il était suivi de tout le bas peuple, que les chefs de la nation et les nobles refusaient de croire en lui : mais ce sont-là, il nous semble, des faits assez notoires, et ce n'est pas notre faute si l'Évangile les rapporte avec tant de netteté que nous n'ayons eu qu'à traduire. Quand nous relevons ces détails, est-ce d'ailleurs pour les travestir ou pour nous en égayer comme aurait fait Voltaire? Loin de là : c'est au contraire pour y chercher un enseignement. Nous avons été constamment grave et sérieux, nous n'avons rien altéré de la narration évangélique, et nous défions quiconque de nous prendre en défaut sur ce point.

Reste à examiner le sens que nous avons attaché aux faits.

Nous ferons d'abord observer que la Charte
de 1830, en proclamant la liberté des cultes, a
en même temps accordé le droit de libre interprétation religieuse, et il serait vraiment
curieux que, sous un ministre protestant,
on voulût nous soumettre de par la loi aux
décisions orthodoxes de l'Église romaine.

Il y a mieux, nous conservons l'assurance
de persuader à tous les lecteurs de bonne foi
que le sens attaché par nous à la doctrine du
Christ n'est pas notre sens personnel et que
l'interprétation de la lettre évangélique telle
que nous l'avons donnée est suffisamment jus-
tifié par les premiers siècles de l'Église. Ici
notre tâche devient facile. Il nous suffira de
citer le témoignage des anciens apôtres qui
avaient vécu dans l'intimité de leur Maître.
Si l'on nous saisit cette fois, ce ne sera plus
seulement Jésus-Christ, mais saint Pierre,

saint Jude, saint Jean, saint Jacques et plusieurs Pères de l'Église que l'on saisira.

En écrivant *l'Évangile du Peuple* nous n'a-
vons prétendu en rien dépouiller le Nouveau-
Testament de son caractère sacré ; nous avons
seulement voulu ajouter une lettre de plus à
ce livre éternel qui se grossit de siècle en
siècle des témoignages croissants du genre humain. Si nous n'avons point touché au sens
mystique ni religieux, c'est que nous n'avions
point mission pour cela et qu'assez d'autres
l'avaient fait avant nous.

Voici, au reste, ce que nous écrivions à ce
propos dans *la France littéraire* * : « Nous ne
« prétendons en aucune sorte détruire le point
« de vue religieux ; loin de nous la triste et
« déplorable gloire d'ébranler les croyances,
« de porter l'alarme dans les cœurs soumis au
« dogme et heureux de leur foi ! Nous ne con-

____

* Tome iii, page 157.

« damnons ni ne renversons rien de ce qui a
« été dit sur l'Évangile ; seulement nous ve-
« nons y ajouter : Jésus-Christ, pour être le
« chef des sociétés à venir, n'en est pas moins
« le Fils de Dieu. »

Cette défense s'adresse bien plutôt, comme
on voit, à l'opinion publique qu'aux tribunaux. Mais ayant une fois gagné notre cause
devant le pays sur le fond des choses, il nous
sera plus facile d'avoir raison sur la forme
devant le jury. Nous avons confiance dans ces
deux jugements solennels, et nous nous y sou-
mettons d'avance avec respect.

Il nous reste à remercier presque tous les
journaux de toutes les opinions, *la Gazette
de France,* par exemple, *le Siècle, le Chari-
vari, le National* et *la Presse,* de la loyale as-
sistance qu'ils ont accordée à notre livre. Un
seul, bien obscur, il est vrai, s'est emporté
contre *l'Évangile* avec une fureur théologique

digne des plus beaux temps de l'inquisition et de l'ignorance *.

Mais quittons bien vite ces luttes personnelles; elles nous font honte pour ceux qui les ont engagées, quoique nous les ayons prévues à l'avance : « Quelques-uns, disions-nous, intéressés à nous fermer la bouche, vous diront peut-être que nous blasphémons et que nous faisons entendre les paroles du diable. En ces jours-là souvenez-vous, mes frères, qu'ils en ont dit autant à Jésus-Christ. « Cet homme, allaient murmurant les princes des prêtres en parlant de Jésus, est possédé du dé-mon, *dæmonium habet.* »

En dehors des préoccupations actives du moment *l'Évangile du Peuple* touche à des questions éternelles qui de tout temps furent d'une discussion permise. Quant aux allusions qu'on voudrait nous prêter dans un sujet biblique

* *L'Univers religieux.*

et sérieux qui relève plutôt de la philosophie que de l'histoire, ce seraient de mauvaises et ignobles chicanes contre lesquelles nous ne saurions assez hautement protester. Il y a plus ici qu'une question d'amour-propre et même de liberté personnelle à soutenir, il y a la dignité d'une grande cause dont nous nous sommes fait l'apôtre et le défenseur. Interprète de l'Évangile, nous avons exposé son esprit et les destinées qu'il prépare, selon nous, aux sociétés. Nous n'avons rien provoqué, rien hâté, rien excité pour le présent, parce que, confiant en la parole du Christ, nous sommes sûr de l'avenir.

Mais, dira-t-on, pourquoi avoir donné cette direction à vos travaux? A quoi bon ce sentiment religieux qui vous entraîna dans les voies périlleuses du dévouement et vous enleva au calme poétique de vos premiers jours?

Sans doute nous aurions eu moyen de rattacher notre nom et nos faibles talents à la

fortune, aux honneurs, à l'éclat du pouvoir :
notre conscience nous a défendu de le faire.
Sans blâmer ici les hommes qui pensent autrement, et parmi lesquels nous comptons
des amis honorables, nous sommes de ceux
qui, par caractère comme par devoir, s'asso-
cient plus volontiers aux maux des opprimés
et des faibles qu'à la superbe prospérité des
maîtres.

A la vue des maux de notre civilisation, à
la vue des langueurs éternelles de l'humanité,
nous avons jeté vers le ciel un cri de dé-
tresse ; ce cri retentira, nous n'en doutons
point, dans tous les cœurs justes et géné-
reux. Au spectacle affligeant de nos frères qui
souffrent nous avons, souffrant nous-même,
poussé du fond de nos entrailles ce sanglot
inconsolable que Job, Dante, Milton soulè-
vent de siècle en siècle jusqu'à Dieu.

Ce serait, du reste, une absurde et atroce ca-
lomnie adressée à notre livre que de dire qu'il

prèche la haine et l'insurrection sanglante.
Non, *l'Évangile du Peuple* est au contraire un livre d'amour ; comme la voix de l'ange sur les
montagnes, il est venu crier, dans un temps
de lutte civile et odieuse : « Paix aux hommes ! » La paix entre les citoyens est toujours
en rapport direct de la liberté et du bien-
être. En proposant d'abolir la misère, l'oppression, les distinctions du rang et de la
naissance, nous avons au contraire voulu effacer d'entre les hommes ces colères ombra-
geuses et ces jalousies terribles qui les divisent. Ceux qui nous connaissent, ceux-même
qui nous lisent savent combien les passions
amères et envieuses sont loin de notre cœur.

Nous n'avons plus qu'un mot à dire. Nous
subirons, s'il le faut, les embarras et les ha-
sards d'un procès ; mais nous protestons éner-
giquement contre l'accusation politique ou
autre qui nous amène à la barre d'un tribunal. Avons-nous donc prêché le renverse-

ment du gouvernement? Eh! que nous font à nous les gouvernements qui tombent si la société ne change point! si l'homme, sous d'autres noms et d'autres formes, continue d'exploiter l'homme! Ce que nous avons demandé, c'est une grande et profonde réforme dans nos mœurs, dans nos institutions, dans nos lois; réforme urgente qui peut s'accomplir tout entière par des voies sages et pacifiques. Nous n'avons point voulu le bonheur d'une classe de citoyens au dépend d'une autre, mais de toutes les classes à la fois; non la liberté d'un seul peuple, mais de tous les peuples du monde; car notre œuvre n'est point le triomphe d'une opinion ou d'un parti, mais le triomphe et le progrès de l'humanité.

Quant au reproche d'immoralité qu'on nous oserait adresser sans rougir, il ne nous atteindrait point; et, en vérité, la réponse à un tel mensonge éprouve quelque peine à monter jusqu'à nos lèvres. Nous immoral! Est-ce parce que nous avons dit qu'il ne fallait pas laisser éternellement de pauvres filles s'abrutir dans les maisons de débauche, et des voleurs se corrompre dans nos prisons, vraies écoles de vol et vraies sentines d'impureté d'où les uns et les autres sortent plus souillés, plus corrompus, plus insociables qu'ils n'y sont entrés? — Si une telle assertion avait lieu, il faudrait désespérer de la pudeur du ministère public et se couvrir la tête d'un voile.

Enfin des hypocrites mielleusement atroces et d'anciens athées défroqués nous accuseront-ils d'impiété dans leur journal! Nous nous en soucions fort peu. Contre des insinuations aussi hideusement mensongères, une seule arme est possible, le silence du mépris. Nous ne devons compte qu'à Dieu de nos croyances. Mais celui qui sonde les reins sait qu'il y a souvent plus de religion dans le publicain calomnié que dans ces pharisiens orgueilleux de leur sainteté. — La vraie religion consiste dans l'amour des hommes et de la justice.

Ces gens-là sont plus absolus et plus into-
lérants que saint Paul; car voici ce que Paul,
apôtre, écrivait aux chrétiens de Corynthe :
« Si celui qui vient vers vous annonçait un
« autre Jésus-Christ que celui que nous vous
« avons annoncé, ou si vous receviez par lui
« quelque autre esprit que celui que vous avez
« reçu, ou s'il vous prêchait quelque autre
« Évangile que vous n'eussiez pas entendu,
« vous auriez raison de le souffrir *. » Ce grand
homme avait plus de respect, comme on voit,
pour la liberté de l'intelligence et plus de foi
dans la révélation croissante de l'humanité
que ces modernes esprits faibles et timorés
qui s'alarment devant le progrès voulu do
Dieu.

Or nous n'avons même pas fait ce que Paul
vous commande de tolérer; le Jésus-Christ

* Cor., xi, 4.

que nous avons prêché est, nous allons le montrer tout à l'heure, le Jésus-Christ véritable; l'Évangile que nous vous avons annoncé est bien l'Évangile des livres saints appliqué aux temps modernes; l'esprit que nous avons voulu communiquer est bien l'esprit de vie et de mouvement que le christianisme a soufflé aux hommes.

Quant à certains gouvernants, ils aiment et favorisent les religions tant que soumises et muettes celles-ci se prêtent comme des instruments passifs aux projets liberticides et aux envahissements du pouvoir; mais ils les renient et en prennent ombrage du jour où ces mêmes religions commencent à s'inquiéter des intérêts du peuple et à réclamer des droits pour la créature faite à l'image de Dieu.

Mais qui ne comprend que cet état d'avilissement et d'apostasie ne doive être pour la religion, s'il se continue, une cause de mort! Nées de l'Évangile, c'est-à-dire de l'esprit et de la liberté, les nations modernes tendent fatalement à se rapprocher de leur origine. Tout ce qui s'y oppose est un mal, un reste de ce vieux paganisme social mille fois tué, mais toujours renaissant, car c'est la bête à sept têtes de l'Apocalypse qui ne tombera tout à fait que sous le coup du christianisme régénéré.

Vous qui ne voulez pas que l'Évangile intervienne dans la société pour la réformer et la reconstituer, ne craignez-vous donc pas que, dans ces temps où la foi va s'affaiblissant, le pauvre et l'esclave ne voient plus dans la résignation qu'un odieux moyen pour les retenir à la chaîne, et dans le paradis qu'un leurre habile pour leur faire endurer sans murmures les maux de cette vie?

Dieu, qui fit l'homme d'abord pour cette terre, ne l'a pas fait pour courber le dos éternellement sous le fardeau de la misère et de la servitude : il se respecte plus que cela dans son image. Jésus, son fils, est venu pour ramener l'ordre et la justice dans la société bouleversée. Son œuvre ne s'accomplit que lentement et laborieusement parce qu'elle rencontre à chaque instant devant elle de nouveaux obstacles dans les passions des hommes et dans d'anciennes usurpations consacrées par l'habitude, mais elle s'acomplit, et tous les efforts des maîtres réunis ne parviendront pas plus à l'arrêter que les grains de sable n'empêchent les flots de la mer de monter sur le rivage.

Nourri tout jeune aux leçons de cette doctrine bienfaisante du Christ, nous n'avons jamais pu, quelques efforts que nous ayons faits pour cela, nous en séparer. Elle a laissé dans nos entrailles des élans involontaires de compassion et d'amour pour les plaies de l'humanité qui souffre. C'est elle qui nous a pris par la main comme Virgile fit à Dante et qui nous a conduit dans les cercles ténébreux de cette spirale immense qui contient tous les maux de la société. Nous sommes revenu de ce sombre voyage avec un sanglot que notre poitrine ne pouvait soulever, avec une grande larme que notre œil ne pouvait contenir. — C'est ce sanglot et cette larme que nous avons laissés tomber dans notre livre.

—⚬—

L'acte d'accusation le dit, les journaux l'ont répété, il faut donc bien le croire, si incroyable que cela semble, c'est d'atteinte à la morale publique et à la religion que nous sommes prévenu.

Depuis dix années il a paru des livres de toutes les morales et de toutes les religions; dans l'état de doute, d'inquiétude et d'attente où flottent tous les esprits, on a imaginé les doctrines les plus monstrueuses et les plus exorbitantes; des écrivains dont quelques-uns tiennent au gouvernement ont ouvertement prêché dans leurs livres l'athéisme, le culte effréné de la matière et l'abolition des droits sacrés de l'homme; des romanciers ont étalé sous les yeux du peuple dans des fables gros-

sières les objets les plus scandaleux; des re-
cueils de chansons obscènes colportés dans
les rues par des crieurs patentés et à moitié
ivres ont mis d'immondes paroles sur les lèvres de la jeune fille des faubourgs : devant
tous ces faits avérés, constants, journaliers,
qu'a fait le ministère public? Il s'est tu.

Il a fallu qu'un écrivain sérieux, austère,
indépendant, essayât d'interpréter gravement,
au point de vue de ses croyances, l'Évangile de
Jésus-Christ, fils de Dieu, et de rappeler le
peuple au symbole chrétien dont il se détache
chaque jour de plus en plus, pour que le
même ministère public crût, comme Jéhovah,
que le moment était venu de sortir de son
repos.

L'accusation d'atteinte aux mœurs et aux
croyances religieuses s'est promenée depuis
longtemps sur de si éminentes têtes qu'elle a
vraiment cessé d'être offensante.

Lorsque M. de Chateaubriand mit au jour
les Martyrs les journaux religieux de son temps
crièrent au scandale parce que le poëte avait
réuni dans la même composition le symbo-
lisme païen à la mythologie chrétienne.

Que certains journaux se livrent à de telles
aberrations, passe encore ; mais qu'un minis-

tère, qui devrait être sérieux, s'y abandonne, c'est impardonnable. Nous avons cependant vu depuis 1830 *le Roi s'amuse*, l'un des drames les plus sévères que M. Victor Hugo ait donné au théâtre, censuré et suspendu à la première représentation pour cause d'immoralité.

En nous sachant accusé d'irréligion dans un temps de complète indifférence religieuse et sous une loi athée, ceux qui n'ont pas lu notre livre doivent s'imaginer que nous avons pour le moins ébranlé toutes les lois de la nature et nié Dieu.

Or voici ce que nous disions : « Il y en a parmi vous qui, par ressentiment des servitudes religieuses qu'on a fait peser si longtemps sur le monde, repoussent jusqu'au nom de Dieu; mais ce sont les faibles : il ne faut pas les condamner, il faut les plaindre.

« Le peuple a besoin, au fond de son isolement, de sa misère, de sa faiblesse, de sentir Dieu avec lui, *nobiscum Deus*, pour le soutenir dans toutes ces laborieuses entreprises de gloire et de liberté, où il n'est que le bras visible de la Providence. »

Au moins, direz-vous, vous avez nié l'immortalité de l'âme ? Pas davantage.

« Quelques docteurs, dans ces derniers

temps, ont inhumainement ébranlé les croyances du pauvre :

« Malheur à eux !

« Ils ont ôté la foi au peuple, et ils ne lui ont pas donné le bonheur;

« Ils ont enlevé au pauvre l'espérance du ciel, et ils lui ont abandonné la terre avec toutes ses misères;

« Ils ont retiré le paradis de la hotte du chiffonnier, et ils y ont laissé les chiffons.

« C'est précisément le contraire qu'il fallait faire.

« Il était bon de rendre le peuple heureux, mais il n'était pas nécessaire pour cela de le faire athée.

« Sans ôter la foi au pauvre on pouvait lui rendre ce monde-ci meilleur.

« Il fallait retirer les ordures de la hotte trop lourde du chiffonnier et y laisser l'espérance du ciel.

« L'espérance en un Dieu juste et ami du pauvre est comme une main invisible qui soulage et allége bien des fardeaux. »

Ce sont donc les miracles que vous avez rejetés? — Encore moins.

« On a beaucoup ri des miracles dans le dernier siècle ; mais, outre qu'il est toujours imprudent de rejeter un témoignage écrit et admis depuis bientôt deux mille années, nous ferons remarquer qu'on n'a produit contre eux aucune objection sérieuse.

« On n'y croit pas parce qu'on n'y croit pas : ce qui n'est pas une raison fort triomphante. »

Il faut avouer que devant de tels démentis l'accusation d'impiété tombe misérablement et à plat.

Voyons maintenant celle d'immoralité. Avons-nous donc porté nos lecteurs à cet amour sensuel qui tourmente et détruit l'organisation pour y chercher la source de plaisirs inconnus et illicites? — Pas le moins du monde. Écoutez plutôt :

« Allez au Christ, femmes !

« Car lui seul a apporté l'amour sur la terre.

« Avant lui les hommes et les femmes ne se recherchaient que par convoitise et pour satisfaire les grossiers appétits des sens.

« Or, comme la femme était la plus faible dans ce commerce brutal et charnel, la femme était esclave.

« Christ, au contraire, est venu apporter l'amour aux hommes, l'amour chaste et immaculé, l'amour de l'âme par lequel, ô femmes, vous devenez plus fortes que nous !

Du moins nous avons sans doute voulu abolir le mariage ? — En vérité, voici nos paroles :

« C'est sur cette loi d'amour que Jésus entend fonder la société dans le mariage.

« N'avez-vous point lu, disait-il, que celui « qui créa l'homme au commencement fit un « homme et une femme et dit :

« A cause de cela, l'homme quittera son « père et sa mère pour adhérer à sa femme, « et ils ne seront tous deux qu'une seule chair.

« C'est pourquoi ils ne seront plus deux, « mais une chair. »

« C'est par cette fusion de deux en un, par cette union complète de l'homme et de la femme que l'unité sociale doit entrer dans le monde. »

Alors nous avons donc tourné en dérision des choses respectables, comme le culte, la prière, l'amour divin ? — Nous ouvrons notre livre et voici ce que nous y trouvons :

« Si Jésus-Christ recommande si souvent aux siens la prière dans l'Évangile, c'est que la prière est une aspiration à l'unité.

« C'est encore ce que les chrétiens désignent eux-mêmes sous le nom de *communion spirituelle.*

« On participe les uus aux autres dans ce banquet du cœur, car la prière est faite d'amour et de désir.

« Frères, apprenez maintenant à ne rien mépriser ;

« Ne condamnez pas vos sœurs qui prient à l'ombre du temple.

« Car, en vérité, je vous le dis, le cœur qui prie, comme celui qui aime, avance le monde vers l'unité, c'est-à-dire vers Dieu. »

Ne croirait-on pas réellement qu'il y a eu méprise dans l'accusation de *l'Évangile du Peuple*? A-t-on voulu dire que notre livre était impie en ce sens qu'il ne contenait pas absolument la doctrine catholique, apostolique et romaine? Mais, à ce compte, il faudrait saisir tous les ouvrages de religion ou de morale depuis le *Génie du Christianisme* jusqu'à *Jocelyn,* car ils sont tous mis à l'index à Rome. Une fois engagé sur cette voie de poursuites, le ministère public serait inévitablement entraîné jusqu'au ridicule et à l'absurde.

Dira-t-on que le ministère public s'est ému parce que nous avons touché au texte sacré de l'Évangile? Ce serait une mauvaise défaite qui ne convaincrait personne. N'a-t-il pas laissé traduire, publier et vendre l'ouvrage du docteur Strauss qui critique amèrement la lettre évangélique, détruit de fond en comble la divinité du Christ, et va jusqu'à mettre en doute son existence, toutes choses que, Dieu aidant, nous n'avons point faites.

Nous ignorons les chances que le hasard nous garde personnellement, mais nous avons foi dans l'intelligence du jury pour écarter en même temps de notre tête menacée les entreprises violentes de la justice et les coups de l'intolérance religieuse.

Espérons qu'en France il ne se trouvera pas de mains décidées à rallumer au dix-neuvième siècle les bûchers mal éteints de l'inquisition.

Qu'avons-nous prétendu faire dans *l'Évangile du Peuple?* Une chose bien simple : lier la doctrine de Jésus-Christ au mouvement actuel des sociétés et aux diverses philosophies dont notre siècle apporte à la surface des événements les symboles nouveaux.

Deux motifs nous ont porté à en agir ainsi :

Le premier prend sa source dans la conviction où nous sommes que l'humanité n'avance jamais par des révélations imprévues, subites, incohérentes, mais bien par une seule révélation lente, continue, ancienne et nouvelle à la fois, développée indéfiniment et sans secousses, selon le cours naturel du progrès : d'où il résulte que l'Évangile, ce livre monumental, auquel toutes les nations ont cru jusqu'ici, doit contenir, au moins en germes, tous les éléments des croyances à venir.

Le second est né pour nous du spectacle même des faits : en voyant plusieurs grands peuples se séparer intellectuellement du christianisme, des esprits d'élite chercher ailleurs que dans la lettre évangélique une solution aux problêmes sociaux dont nous sommes travaillés, des dogmes nouveaux et inattendus apparaître comme par enchantement aux yeux de la conscience éblouie, nous en avons conclu que la doctrine chrétienne, du moins comme l'interprète l'Église, ne contient plus les vérités religieuses et morales dont tous les peuples, en attente, éprouvent confusément le besoin.

Dans cet état de choses deux partis se présentaient : garder devant cette transition du christianisme à une religion encore inconnue un silence prudent et égoïste, ou bien mêler, à nos risques et périls, notre faible voix dans ce concert encore vague de bouches prophétiques qui bégaient en une langue naissante le dogme mal défini de l'avenir.

C'est ce dernier parti que nous choisîmes.

Le but de nos efforts fut de montrer que la contradiction choquante entre les doctrines dont la Providence permet de nos jours la manifestation et le christianisme dont plusieurs esprits éminents se retirent ne vient pas du dogme évangélique, mais du sens que les derniers siècles lui ont donné. Rattacher, en un mot, le dogme chrétien au dogme humanitaire encore mal dégagé des ombres de la raison croissante des peuples a été l'objet de notre travail. Sans faire violence à la lettre de l'Évangile, nous avons essayé de montrer que ce livre éternel, aidé de la conscience du genre humain, contenait, au moins en symbole, toutes les révélations à venir dont nous subissons tous à cette heure le vague pressentiment.

Que nous nous soyons trompé, nous, jeune homme, dans la solution de problèmes si ténébreux où les esprits les plus expérimentés échouent souvent, rien de plus possible; mais notre erreur même mériterait encore le respect et l'encouragement, car ce sont souvent, en religion comme en morale, les tentatives vaines, incomplètes et avortées qui mettent sur la voie des découvertes.

Rien, au reste, n'est venu jusqu'ici nous démentir. Nous persistons dans notre foi sans frayeur comme sans outrecuidance. Nous continuons de croire au Christ, mais au Christ développé de siècle en siècle par la raison croissante du genre humain. Quant à ce Christ immobilisé dans la foi stagnante de la ville de Rome, nous ne blâmons ni ne condamnons ses disciples, nous en avons été nous-même; mais la Providence nous en a retiré pour nous conduire plus avant vers le rayonnement substantiel de Dieu.

Entre nous et ceux qui nous condamnent il n'y a qu'une question de temps. En liberté comme sous les chaînes, nous attendrons patiemment que le mouvement aujourd'hui si rapide des esprits les amène malgré eux à nos croyances.

Pour donner à nos idées la forme la plus populaire, nous avons choisi celle de l'Évangile : d'abord parce que nous y étions porté d'attrait, ensuite parce que les choses que nous avions à dire n'étaient au fond que le développement nécessaire de la parole même de Jésus-Christ.

Toute notre *irréligion* consiste à avoir transporté la lettre de l'Évangile de l'ordre mystique où l'on avait eu soin de l'environner de ténèbres pendant les âges d'ignorance et de foi aveugle, sur le terrain d'une croyance plus réelle et plus forte qui lève les voiles épais du mystère, pour découvrir dans le lointain les images encore indécises et flottantes des destinées humaines. Sans nier l'action permanente de Dieu sur l'univers, nous l'avons enfermée dans les moyens naturels, les seuls où elle puisse s'exercer, sous peine de détruire les lois fondamentales de la création et de se mettre en contradiction avec elle-même. Enfin, nous avons expliqué par le progrès des lois qui régissent notre nature des phénomènes à venir où l'Église n'a voulu voir jusqu'ici, que l'intervention merveilleuse de la grâce ou l'annonce de catastrophes impossibles. Une grande aspiration à Dieu, manifesté à la fois dans la nature et dans le peuple, *vox populi vox Dei*, achève de former le caractère spécial de ce livre, qu'on eût bien fait de brûler au moyen âge avec son auteur, mais qu'on a été inexcusable de saisir au 19ᵉ siècle.

Quant à la morale, elle est telle qu'elle doit découler forcément de nos croyances, c'est-à-dire tolérante, pieusement charitable, pleine de bienveillance et de compassion pour tout ce qui souffre, pour tout ce qui tombe; car les malheureux et les coupables forment l'élément mauvais de la société, et le mal est ce travail nécessaire que la matière brute et inorganisée doit subir pour arriver à l'ordre.

Si la pitié, si le pardon, si l'indulgence, si toutes ces saintes vertus chrétiennes que l'Évangile a apportées sur la terre sont immorales, à la bonne heure, qu'on nous condamne! Nous n'avons jamais pu entendre sans nous émouvoir le bruit lugubre des chaînes; nous n'avons pu passer sans avoir froid au cœur devant ces sombres repaires du vice où la femme, ange tombé, traîne hideusement dans la fange les restes désespérés d'une vie encore florissante; nous n'avons pu traverser sans frémir ces rues infectes et tortueuses où le long des maisons humides, des êtres humains déguenillés, malpropres, pâles de faim, suivent d'un regard envieux et d'un rire bestial le passant bien vêtu : à la vue de ces maux, de ces opprobres, de ces ignominies, au spectacle de l'humanité fouettée de verges, couronnée d'épines, abreuvée de fiel, nous n'avons pu nous défendre, crucifié nous même, de jeter vers le ciel un grand et lamentable cri.

Il y en a qui passent devant ces maux en détournant la tête et en disant : Il faut qu'il en soit ains ! — Non, il n'en sera pas ainsi éternellement; car si l'homme devait être condamné à ce supplice sans fin, le *bon* Dieu n'existerait pas.

Or, Dieu est.

Nous savons bien que l'on a essayé de répondre à ces objections et de concilier les maux de l'humanité avec la bonté de Dieu, mais on n'y est pas parvenu. Le dogme de la déchéance, outre le tort qu'il a d'imposer à la raison un mystère impénétrable, soulève mille répugnances contre la transmission d'une faute à laquelle ses victimes n'ont point consenti; celui de la rédemption n'atteignant que la vie à venir et laissant la terre à peu près dans l'état de malaise, de désordre et de souffrance que le péché y a introduit, ne répare qu'imparfaitement le mal physique et ne saurait davantage satisfaire la raison humaine. De tout temps cette croyance a eu, en outre, pour résultat funeste d'isoler l'homme dans un piétisme individuel et dans l'exercice d'une macération contre nature qui tend à détériorer l'œuvre de Dieu. Les esprits, vivement frappés des conséquences logiques du catholicisme, se sont tous en effet livrés avec une ardeur insensée aux âcres voluptés de la douleur et à l'égoïsme oisif de la contemplation, deux tendances qui détruisent à la fois les lois fondamentales de la création et de la société.

En transportant au contraire à l'ordre naturel et positif les progrès, les transformations et le rétablissement final de toutes choses dans le bien, que l'Évangile d'ailleurs annonce, nous avons, il nous semble, satisfait à la fois aux espérances de l'homme et à la bonté du Créateur. Sans nier le dogme de l'expiation nous avons cru découvrir que cette souffrance inhérente au mal était encore une admirable loi du progrès, car elle exhorte sans cesse à l'action et au mouvement les natures inquiètes qui la subissent, jusqu'à ce que, par une suite d'efforts, elles refassent elles-mêmes leurs destinées et arrivent à se dégager ainsi de la rouille originelle. L'homme compris autrement n'est plus qu'un être douteux et chimérique, quelque chose de moins que rien, une ombre du néant.

Nous avons étudié à sa source le catholicisme sacerdotal, et, s'il nous eût satisfait, nous nous y serions arrêté : mais la Providence a voulu que nous répétassions dans notre individualité le travail des nations modernes ; après avoir subi une foi aveugle à l'autorité de l'Église, nous sommes passé par des secousses fiévreuses et des inquiétudes croissantes à l'état de doute, jusqu'à ce qu'enfin nous arrivâmes à une seconde foi plus solide que la première, mais toujours naissante et voilée d'ombre, car elle a son objet dans un lointain encore vague ; elle n'aperçoit encore qu'à travers des tâtonnements infinis la véritable et immortelle substance des choses, *sperandarum substantia rerum*.

Jamais livre ne fut plus soumis à des interprétations éloignées de la pensée de l'auteur
que *l'Évangile du Peuple*; il faut sans doute en
rapporter la faute à l'obscurité inséparable
de la forme que nous y avons adoptée. Nous
allons répondre ici à quelques objections,
les unes perfides et malveillantes, les autres
dictées par la bonne foi sans doute, mais in-
duites en erreur par de fausses apparences.

Quelques personnes honnêtes d'ailleurs nous
ont reproché verbalement d'avoir défiguré le
Christ en lui enlevant cette auréole de grandeur et de pureté qui fait sa gloire aux yeux
des catholiques : nous leur répondrons encore
une fois que nous n'avons entendu rien détruire à la doctrine de l'Église, mais y ajouter

... non veni solvere legem sed adimplere. Ensuite il nous serait facile de prouver que l'Église admettant en Jésus-Christ deux natures, un homme et un Dieu, nous donnait elle-même le droit de parler humainement de son auteur.

Il y a mieux : la plupart des Pères et des écrivains ecclésiastiques ont pris plaisir à abaisser l'humanité en Jésus-Christ afin de la relever avec plus de contraste par le côté divin. Tertullien nous le représente comme *l'ordure du monde, stercus mundi*; Bossuet l'appelle *un ver de terre*; saint Paul déclare qu'étant sans tache il s'est fait *péché* pour nous, *pro nobis peccatum*. Or c'est cet *homme-péché* que nous avons surtout fait ressortir dans notre livre, parce qu'en nous semblait l'avoir depuis longtemps dissimulé par une sorte de *bon goût* fort ridicule.

Au reste, nous avons déjà déclaré n'avoir rien ajouté sur ce point au récit de l'Évangile. Nous nous sommes tenu sévèrement dans les limites exactes du texte; nous avons dit, par exemple, en parlant de Jésus :«Les femmes qui le touchent sont des femmes débauchées dont se scandalisent les pharisiens. » Ouvrez l'Évangile saint Luc, et lisez: «*Videns autem pharisæus qui vocaverat eum ait intra se dicens : hic*

*esset propheta sciret utique quæ et qualis est
mulier quæ tangit illum.*

Nous avons dit : «Quand il mange c'est avec
des pécheurs, quand il boit c'est avec toutes
sortes de gens déréglés qui font murmurer les
passants :

*Et factum est discumbente eo in domo, ecce multi
publicani et peccatores venientes discumbebant cum
Jésu et discipulis ejus.*

*Et videntes pharisæi dicebant discipulis ejus :
quare cum publicanis et peccatoribus manducat
magister vester?*

Mais, direz-vous, ce sont peut-être les conséquences que vous en tirez qui sont sujettes
à condamnation? Ces conséquences sont précisément les mêmes que celles de saint Paul.
Dieu, selon nous, a fait passer Jésus-Christ par
le péché et **y a fait** passer l'humanité afin de
faire arriver en lui le monde à la justice, *ut
nos efficeremur justitia Dei in ipso.*

De ce que nous engagions à faire rentrer
dans l'État, c'est-à-dire dans cette justice de
Dieu, les natures dissidentes, les pauvres enfants prodigues, par des voies de conciliation,
d'enseignement et de réforme, quelques lecteurs de mauvaise foi ont charitablement in-
sinué que nous prêchions le libertinage et le

vol. A la bonne heure! c'est ainsi que nous aimons la critique. Parvenue à ce degré de mensonge, d'effronterie ou de bêtise, elle cesse d'agiter contre nous des armes dangereuses.

Les rédacteurs d'un journal religieux (toujours le même, *le seul!*) s'étonnent de ce qu'ils nomment notre prédilection pour les forçats et les prostituées; ces messieurs s'étonnent hypocritement, car ils savent bien que, si nous nous occupons du sort de ces pauvres filles et de ces êtres misérables, ce n'est point pour les remettre en honneur dans l'état présent de leur dégradation, mais pour attirer sur les uns et les autres les soins, l'intérêt, l'action civilisatrice de la société. Nous détournons de ces maudits et de ces maudites le dégoût, le mépris, l'anathème, parce que, outre que ces sentiments sont anti-chrétiens, ils sont encore anti-sociaux.

Comme nous ne saurions que répéter ici ce que nous avons dit ailleurs sur ce sujet, nous renvoyons à un petit livre intitulé *les Vierges Folles.*

Il faudrait, disions-nous, rendre le mariage d'un abord plus facile et établir autour de la famille nombre d'institutions stables, robustes, généreuses qui en favoriseraient l'accroissement. Ce qui retient les jeunes gens de prendre une femme c'est leur peu de fortune, leur état chancelant et mal défini, leur position douteuse, la crainte de nombreux enfants : autrement le mariage est un état naturel et raisonnable auquel tendent réciproquement les deux sexes *. »

Tout le reste du livre est écrit dans le même sentiment. On peut ne pas être de notre avis sur les moyens que nous proposons pour ramener les filles à la décence et au repentir, mais on ne saurait sans mauvaise foi accuser nos intentions.

Ceux donc qui se prévaudraient de quelques phrases isolées de *l'Évangile du Peuple* pour dénaturer sur ce point nos idées :

.... *Bonne nouvelle à vous, douces vierges courbées sous la verge de fer de la famille et de la société !*

... *Bonne nouvelle à vous, femmes faibles et suaves inclinées sous le joug du mariage !*

Ceux-là, dis-je, useraient d'un artifice ignoble. Nous n'avons attaqué ni la famille ni le mariage, mais les excès, les abus, les servitudes

---

* *Les Vierges Folles,* chez Le Gallois, éditeur, rue Notre-Dame-des-Victoires, 33.

outrées que ces deux institutions si respectables d'ailleurs entraînent quelquefois. Nous avons condamné *le joug, la verge de fer*, non l'autorité douce et bienveillante qui s'impose par amour.

Quand nous annonçons pour l'avenir, aux prostituées ou aux vauriens, un pardon et une rentrée dans l'État, quand nous les encourageons à prendre *bon espoir*, c'est toujours à une condition toute chrétienne, le repentir :

« *Le temps de votre rentrée dans l'État*, leur disions-nous, *et de votre* CONVERSION *approche*.

« *Vous avez* PÉCHÉ, *mais revenez et* REPENTEZ-*vous*,

« *Et l'État reconstitué vous dira : Mes fils et mes filles ! et il sautera à votre cou et il vous baisera du baiser de paix.* »

Les gens qui s'étonnent de notre *prédilection* pour ces êtres-là se trompent ; ce n'est pas nous qui nous intéressons de préférence aux malheureux et aux coupables, c'est Jésus-Christ, *non veni vocare justos sed peccatores*. Médecin, il n'est pas venu guérir dans l'humanité les sains, les forts, les bien portants, mais les malades, *non indigent qui bene habent medico*.

Nous avons voulu inspirer de nos jours ce

sentiment chrétien et sublime à la société,
rien de plus. Nous lui avons dit, avec l'Évangile, d'être cette veuve qui rallume sa lampe
pendant la nuit pour chercher la dragme per-
due.

Si c'est là un crime, je ne sais plus ce qu'on
nomme, dans la langue des hommes, religion,
morale, bienveillance, charité.

Quant au vice en lui-même nous avons
maintenu sur lui constamment la réprobation
qui convient; plein de compassion et de ten-
dresse pour les coupables, nous les avons
souvent excusés à cause des besoins et des
circonstances qui les poussent au mal; nous
ne les avons jamais justifiés. Nous n'avons
pas plus entendu faire l'apologie du vol et du
libertinage en attirant l'intérêt public sur les
maux de leurs victimes que M. Lamartine,
par exemple, n'a eu l'intention de légitimer
l'assassinat en demandant l'abolition de la
peine de mort.

Comme nous tenons à montrer en toute
occasion une déférence parfaite pour les
croyances les plus scrupuleuses de notre pays
quand bien même nous ne les partagerions
pas toujours, nous répondrons encore à cer-

taines personnes qui ont paru choquées d'une note de *l'Évangile du Peuple* :

« Marie, femme de la petite ville de Nazareth, n'avait pas eu commerce avec Joseph son mari. La Providence a voulu laisser quelques nuages sur la venue de cet enfant, non pas pour donner prétexte à la grossière joie des incrédules, mais parce que cet enfant devant fouler aux pieds tous les préjugés humains, il convenait qu'il commençât par vaincre ceux de la naissance.

« Les bâtards, les fils adultérins, tous les enfants douteux se trouvent de fait réhabilités par le Christ. »

D'abord nous avons déjà déclaré avoir eu l'intention de parler *humainement* de Jésus-Christ, laissant aux prêtres et aux écrivains sacrés qui ont mission pour cela le soin de défendre sa divinité. Nous ne pouvions donc entrer dans l'examen d'un mystère que nous n'acceptons ni ne repoussons et sur lequel nous sommes réduits, comme tous les esprits sages, à un doute bienveillant.

Mais il n'est pas douteux qu'au point de vue humain, le seul où il nous appartînt de nous placer, la naissance de Jésus-Christ reste équivoque; l'Évangile lui-même nous en avertil, *antequam convenirent, inventa est in utero habens.*

Nous laissons à d'autres le soin de lever le voile sur cette conception merveilleuse; pour notre compte nous serions au désespoir de rien ravir à cette belle et suave création de la Vierge-Mère dont les poëtes chrétiens ont fait un modèle ravissant de grâce céleste et de divine pureté. Néanmoins, tout en laissant le mystère qui convient sur la naissance de l'Enfant-Jésus, nous ne pouvions renoncer à notre droit d'en tirer un enseignement social. Parni ou Voltaire aurait ri; nous avons voulu instruire.

Pour celui qui aurait assisté à cette sorte de débat conjugal que l'Évangile met au jour, *voluit occulte dimittere eam,* sans croire d'ailleurs au mystère de *l'opération de l'esprit,* la naissance du Sauveur resterait entachée d'une mauvaise note : eh bien, nous n'avons pas souffert que, même à ce point de vue-là, on pût n'en tirer qu'une induction stérile.

Comme homme, comme citoyen, Jésus vint au monde, matériellement parlant, par une voie illégale. Or si la divinité s'unit à la chair en Jésus-Christ pour compléter sa grandeur, on ne peut nier que l'humanité seule ne puisse être l'objet d'une étude sérieuse. La réflexion qui sort ici naturellement du fait même de la naissance du Christ, en apparence douteuse, est à nos yeux l'abolition du préjugé absurde qui s'attache à certains enfants, victimes innocentes des fautes de leur mère.

Ce préjugé se détruit chaque jour à mesure que les lumières de la civilisation s'étendent; nous avons été charmés d'en trouver dans l'Évangile la complète annihilation.

Si cette idée sage, contre laquelle on se récrie injustement, avait été de nos jours plus comprise, les gens qui nous attaquent n'auraient pas vu dernièrement un député ami du Roi violemment chassé de la Chambre sous prétexte qu'il ne pouvait fournir ses titres de naissance.

Au-dessus de l'esprit de parti, nous avons combattu tous les préjugés et toutes les défaveurs injustes qui chargent à cette heure l'humanité : riches et pauvres, conservateurs et radicaux trouveraient également leur profit aux réformes que nous proposons.

D'autres ont paru surpris du ton différent qui règne entre notre préface et certains passages de notre livre; les malveillants ont attribué cette différence à des intentions peu honorables que notre franchise et notre caractère heureusement connu suffiraient à démentir.

Néanmoins, comme nous ne craignons aucune discussion, nous allons leur répondre.

L'Évangile du Peuple est un livre tout dans l'avenir. Nous n'avons ni la prétention ni la folie de croire que toutes les vastes destinées promises à l'humanité doivent se réaliser immédiatement; nous savons, en outre, que les mouvements et les efforts intempestifs reculent les développements naturels des choses au lieu de les précipiter. Cette préface était donc un avertissement au lecteur de ne point compromettre de grands résultats par le tumulte et l'impatience, résultats, selon nous, immanquables, mais soumis à un progrès lent, fatal, modéré. De là ces conseils au peuple de se contenir et de rester calme pour ne point nuire lui-même à ses intérêts présents.

Nous lui avons prédit de belles et magnifiques prospérités dont nous avons personnellement la certitude; mais, de peur que le contraste de ce bonheur futur avec ses maux actuels n'excitassent en lui des mouvements prématurés, nous avons cru devoir, pour l'acquit de notre conscience, le retenir à plusieurs reprises par la crainte d'un soulèvement inutile.

C'est en hâtant par la violence la maturité des destinées humaines qu'on amène ces avortements hideux dont les révolutions anticipées offrent le triste et déplorable caractère.

' Si maintenant, par cette attente d'un bonheur à venir, nous avons *outragé la moralité publique et religieuse,* nous n'en savons rien ; mais il nous semble au contraire que, la foi au paradis manquant, rien ne peut mieux consoler des maux du présent et les faire patiemment endurer que cette annonce d'une société juste amenée nécessairement dans le monde par le cours naturel et certain des événements.

' Sans doute notre livre promet l'avenir à la démocratie *. Mais qui oserait nous démentir ou nous en faire un crime dans un temps où toutes les opinions se sont successivement poussées au gouvernement? Qui peut engager les desseins de Dieu et les retenir dans une limite? Qui osera dire à ce flot toujours montant

---

' Nos deux révolutions nous ont légué la démocratie comme un fait invincible.

(La Presse, mercredi 4 novembre.)

du peuple sous le flux providentiel des siècles : Tu n'iras pas plus loin?

Cette idée de progrès éclairé, de développement calme domine tout notre travail; les
avertissements contenus dans notre préface
se retrouvent presque dans les mêmes termes
à la fin de notre livre. Nous avons éprouvé le
besoin de les élever aux deux extrémités comme
une digue contre les sentiments irréfléchis et
tumultueux que certains passages mal enten-
dus pourraient faire naître.

Enfin, nous demandons aux juges sérieux
qui voudraient bien s'intéresser dans le public à ces déplorables débats de ne point former leurs convictions sur quelques détails
isolés, et par conséquent dénaturés, mais sur
l'ensemble de notre livre. Ils y reconnaîtront,
nous n'en doutons point, les vues d'un écrivain grave et patient qui veut ardemment
le bien croissant de l'humanité, mais qui veut
ce bien uni, autant que possible, aux intérêts et à la conservation de tous.

S'il nous est quelquefois arrivé de rapprocher les paroles du Christ des forces actuelles de notre société, ce n'a jamais été dans
une intention d'offense et de scandale inutile. Nous avons seulement voulu montrer

combien nous étions encore éloignés du but de nos tendances, et combien par conséquent étaient ridicules et téméraires ces hommes qui prétendaient immobiliser la France devant leur petite volonté. Ne sont-ils pas semblables à ces enfants qui veulent arrêter avec leurs mains débiles le cours des grands fleuves?

L'Évangile du Peuple contient, comme on vient de le voir, deux politiques bien distinctes : l'une, applicable au présent, de résistance et d'opposition sans doute, mais de résistance légale et d'opposition contenue; l'autre, applicable à l'avenir. Ici nous avons prévu de sourds et profonds ébranlements, ou plutôt nous avons cru les voir écrits dans la lettre évangélique.

Ces ébranlements nécessaires, nous l'espérons, atteindront moins la France que toutes les autres nations de la terre, parce que celle-ci a déjà passé plusieurs fois par l'épreuve douloureuse des révolutions.

Si, sortant quelquefois du ton calme et simple, nous avons annoncé comme toutes prochaines des choses qui dans notre pensée sont d'une réalisation encore éloignée, nous n'avons fait que suivre en cela la forme biblique : « En fort peu de temps celui qui

doit venir viendra, et il ne tardera point. »
Or, prenant aux saintes Écritures leur esprit, nous devions leur prendre aussi leur
langage.

Et puis, si quelque chose nous a donné le
soupçon d'un bouleversement inévitable, c'est
le mauvais vouloir et la résistance aveugle
que les gouvernants opposent de toutes parts
et dans tous les pays du monde au mouvement
des peuples.

Nous sommes persuadé que beaucoup des
choses prédites par l'Évangile pourraient s'accomplir, surtout chez nous, sans secousse et
sans violence si les ministères n'engageaient
avec la force toujours croissante de l'opinion
une lutte impossible. Mais ces obstacles, tout en
gênant et en retenant pour un temps fort
court la libre manifestation des destinées humaines, ne font qu'amener à la fin une plus
terrible explosion.

Les gouvernants, dans leur combat ridicule
et téméraire avec l'intelligence, ressemblent à
Jacob se mesurant avec l'archange inconnu.
Ils dépensent beaucoup de forces et de mouvement à lutter l'un contre l'autre dans la
nuit; mais il suffit au matin de leur toucher

un nerf de la **cuisse pour** les engourdir, car ces hommes **résistaient** à l'esprit de Dieu.

La démocratie, contre laquelle se barricade le ministère actuel avec une peur curieuse et misérable, n'est plus seulement une théorie, une idée, un système, c'est un fait *, un fait irrésistible et envahissant contre lequel toutes les mesures imaginables ne prévaudront jamais. La politique sage et conservatrice serait celle qui, par des institutions radicales, chercherait à faire entrer ce fait dans le gouvernement de la nation. Celle-ci pourrait seule éloigner de nous pour longtemps, sinon pour toujours, les ravages et les terreurs qu'une éruption violente entraîne nécessairement avec elle. Le péril ne vient donc pas de ceux qui alarment et remuent les esprits par le fantôme d'une révolution à venir, mais de ceux qui, pouvant éloigner ou détruire cette révolution en la prévenant, la laissent se développer sous le calme r :teur et les fausses apparences de l'ordre.

Au milieu de circonstances si graves, dans

---

* La nation française a pris violemment itérativement dans un demi-siècle possession d'elle-même. Elle ne saurait donc vouloir se laisser remettre en la tutelle de quelques milliers de familles.

La Presse, dimanche 15 novemb °

une guerre qu'on déclare ouvertement à la pensée, les vrais fauteurs du désordre ne sont pas, nous le soutenons, les hommes qui réclament et qui protestent par des cris d'alarme contre ces entreprises dangereuses, mais ceux qui, par leur mollesse et leur condescendance, entretiennent dans le pays un sommeil désastreux dont le réveil doit être la servitude ou l'anarchie.

L'Évangile du Peuple, en mettant sous les yeux de la multitude le tableau de réformes violentes qui doivent survenir tôt ou tard si l'on s'oppose obstinément aux réformes pacifiques *, n'a fait, en agitant peut-être quelques esprits, que calmer la masse par la résolution froide mais énergique de résister légalement aux mesures exorbitantes du pouvoir.

Comme plusieurs fois dans notre livre nous nous sommes qualifié nous-même de révolutionnaire, il importe de nous expliquer encore sur ce point. Il y en a pour lesquels ce mot de révolutionnaire entraîne nécessairement l'idée

---

* Jusqu'à présent la démocratie a été un droit, elle n'est pas une existence.

(*La Presse*, dimanche 15 novembre.)

d'un homme de sang qui s'avance la torche et le sabre à la main à travers les ravages de la société; ce n'est point ainsi que nous l'entendons.

S'il y a des révolutions subversives et impétueuses, il y a aussi des révolutions calmes. Les premières ne sont même que le résultat de compressions anciennes d'où la société esclave et refoulée finit par s'échapper un jour violemment. Autrement les révolutions ne sont, dans leur cours naturel et progressif, que l'exercice même de l'activité humaine; leur résister, c'est s'opposer au mouvement voulu par les lois de la Providence, c'est retenir Dieu à la gêne.

Les révolutions, qui ne sont, comme on voit, que les développements des destinées virtuelles du monde, n'entraînent pas toujours le changement de la forme du gouvernement ni ces perturbations profondes dont les intérêts matériels ont raison de s'effrayer. Le 5 mai 1789, jour de la convocation des États-Généraux, rien ne fut bouleversé en France, et cependant il y avait eu révolution.

Nier les révolutions, c'est nier le progrès, car le progrès n'est que la marche ascendante d'un peuple vers les transformations sociales

qui doivent l'amener à l'état calme et parfait:
Il y a bien de notre temps quelques esprits
courts qui voudraient immobiliser l'humanité dans sa marche providentielle; il y a
bien des voix téméraires et insolentes qui com-
mandent à l'œuvre de Dieu de s'arrêter, mais
nous ne sommes plus au temps de Josué, et
le mouvement de la civilisation ne s'arrêtera
pas.

Nous pouvons donc le répéter maintenant
sans rougir : oui, nous sommes révolutionnaire; ce qui n'exclut, au reste, ni l'idée de
l'ordre ni celle d'organisation, car au contraire l'ordre est dans une évolution constante
et préparée des progrès humains qui s'en-
chaînent et se lient les uns aux autres selon
des lois fixes. Il y a des gens dans le monde
qui prennent le repos pour l'ordre et la tran-
quillité pour l'organisation : rien pourtant de
plus opposé. Les ossements se taisent au ci-
metière sous la couche de glaise qui les re-
couvre; mais leur gisement vague, fortuit et
pêle-mêle n'offre que l'image hideuse du désordre et de la dissolution. C'est le monde des
conservateurs.

On aurait tort de nous prendre, comme on
voit, pour un détracteur systématique du

présent : Dieu nous en garde! le présent est toujours tout ce qu'il doit être; mais faut-il, pour cela, s'arrêter devant l'ordre actuel de choses avec une admiration béate et stupide qui interdise désormais tout examen, toute amélioration, tout progrès? veut-t-on nous amener à l'immobilité de la Chine? Au moins qu'on ait le courage de le dire! qu'on déclare publiquement que tout est pour le mieux dans le meilleur des mondes possibles, qu'on souffle sur l'intelligence, la civilisation, la liberté comme sur des flambeaux inutiles, et que tout soit dit!

Il y a des gens qu'on paye pour répéter chaque jour dans certaines feuilles qu'un despotisme n'est plus possible en France : ces gens-là mentent; le despotisme et la tyrannie sont toujours possibles. Qu'on ne nous parle pas de lumières, de libertés conquises, de puissance intérieure. Rome était éclairée; elle avait été libre et forte; cela l'empêcha-t-il de subir par la suite les servitudes les plus dégradantes? Le sénat avait longtemps tenu tête aux entreprises des ambitieux : cela l'empêcha-t-il d'accourir plus tard, affairé, haletant et tout pâle autour du turbot de Tibère pour discuter gravement les embarras cruels et les superbes alternatives de la sauce? *quidnam igitur censes conciditur?*

— Oui, nous le répétons, une nation doit toujours veiller au maintien de ses droits ; le despotisme est, comme le démon de l'Écriture, un lion inquiet et famélique qui rôde autour des sociétés les mieux défendues pour les dévorer.

Au lieu donc de proscrire les hommes qui se sacrifient par désintéressement et par devoir à la dangereuse mission de protéger les libertés publiques, on devrait au contraire les encourager et les soutenir ; assez d'autres s'empresseront toujours d'eux-mêmes autour des faveurs dorées et des attrayantes caresses du pouvoir.

On nous accusait d'avoir porté atteinte à certaines classes de la société, accusation absurde qui est tombée d'elle-même devant nos paroles : « Que les diverses classes de la société, disions-nous, ne se divisent point entre elles, car c'est par l'union et l'amour qu'elles arriveront toutes un jour à leur délivrance. »

Nous savons fort bien que dans l'état actuel des choses, et longtemps encore peut-être, la société ne peut pas plus se passer des riches que des pauvres ; les uns et les autres échan-

gent des services mutuels, et c'est de l'équilibre de ces services sagement combiné que
sortirait aujourd'hui l'ordre et la bonne intelligence entre tous les citoyens.

Les classes propriétaires, bourgeoises et
marchandes auraient tort de s'effrayer de ce
que nous avons élevé notre voix en faveur
des classes pauvres; car la misère des uns,
loin d'être, comme on l'a cru faussement
jusqu'ici, une source de prospérités pour les
autres, entretient au contraire une cause éternelle de malaise pour tous et de désordre. Ceux
qui souffrent s'agitent alors avec des mouvements impétueux autour de la condition ombrageuse des heureux et des riches en la
menaçant sans cesse de leurs convoitises.
Les membres nus insultent aux membres
qui sont couverts; la bouche qui a faim s'é-
lève contre l'estomac plein et repu qui se
repose dans l'oisiveté. Il en résulte une lutte
et un combat sans fin où la société, arrêtée
dans son intelligence, dans son industrie,
n'est plus occupée nuit et jour qu'à défendre
certaines classes privilégiées contre l'invasion
populaire.

Accordez au contraire à ces classes re-
muantes le bien-être que l'humanité réclame,

que la religion commande, et vous les verrez
aussitôt se calmer et prendre leur part active
dans les services que les membres organisés
entre eux ne pourraient manquer de se rendre l'un à l'autre. Si la masse souffre c'est que
les hommes ne sont pas, vis-à-vis les uns des
autres, dans cet ordre de corrélation et d'é-
change mutuelle que demande le christianisme
par la voix de saint Paul : « Tout le corps tenant sa structure et sa liaison par tous les services que les parties jointes se rendent l'une
à l'autre, il fournit à tous les membres, par
une vertu secrète, ce qui est proportionné à
chacun, et fait que le corps s'augmente et s'é-
difie par la charité *. »

Or je vous le dis en vérité, et ici non plus
seulement en mon nom, mais au nom de l'É-
vangile et de la tradition chrétienne : le corps
social ne sera calme et ne prospèrera que lorsque tous les membres constitués dans l'ordre
de leurs fonctions auront part aux avantages
comme aux travaux. Tant au contraire que certaines classes resteront, comme maintenant,
frappées d'interdit et d'inaction dans l'État,
tant qu'elles étaleront leur nudité à coté des

*Eph. iv, 16.

superbes vêtements de leurs voisins; tant qu'atteintes de paralysie sociale elles ne fonctionneront pas dans l'unité avec les autres classes, il y aura pour toutes gêne, inquiétude, défiance, terreur ombrageuse et perpétuelle; de sorte que la société, épuisée de luttes intestines, à charge à elle-même, tombera sous le bâton du despotisme le plus dur ou sous les horreurs de l'anarchie la plus effrénée. Nous sommes certes vraiment conservateur, nous qui voulons conserver intact dans notre société délétère, en le protégeant contre les outrages de l'envahissement et de l'usurpation, l'homme, cette créature de Dieu; car nous savons que du jour où l'homme perd ou aliène entièrement sa liberté, son action, sa puissance, les gouvernements déclinent et les nations s'éteignent.

Les riches, comme on voit, ne sont pas moins intéressés que les pauvres à ce que la société, sortant de l'état provisoire et flottant où l'entretien une fausse administration s'établisse d'une manière stable sur les bases de la justice.

De ce que nous avons avancé que la communauté était dans l'esprit du christianisme quelques-uns en ont conclu que nous avions nié le droit de possession ; rien de plus faux. Tant que le genre humain regarde un droit comme valide, ce droit est par cela même inviolable et sacré. Toute infraction à ce droit est coupable et veut être punie. Le vol et le pillage, qui sont dans nos mœurs des infractions au droit de propriété, ou, autrement dit, des protestations isolées contre la volonté générale, réclament donc un juste châtiment.

Rétracterons-nous pour cela ce que nous avons dit, d'après l'Évangile, de la communauté? Nous ne le devons ni ne le pouvons. Qu'on se souvienne que nous demeurons toujours ici le fidèle interprète d'un livre dont le sens. Or la communauté est si bien il ne nous était pas permis de dénaturer dans l'esprit du christianisme que tous les établissements fondés par lui prirent en France et aillenrs le nom de *communautés religieuses.* C'étaient, en effet, des fondations établies sur des priviléges et des avantages communs à tous les membres. Dira-t-on que ce sont là des faits partiels et fractionnaires? Sans doute: mais ces sociétés particulières n'étaient que des essais de la grande société universelle que le christianisme, toujours progressant, voulait étendre par la suite à tous les hommes.

Partout en effet où l'esprit chrétien se montre dans toute son énergie et son intensité, l'effet immédiat est l'apport des biens, des forces et des travaux de chacun dans un même milieu. Les couvents, dans leur prospérité, ne furent pas autre chose; leur décadence date du moment où l'esprit chrétien s'étant affaibli, chacun voulut entraîner à soi et retirer de l'ensemble sa part d'individualité.

Au reste, la docrtine chrétienne n'est pas la seule qui tende de notre temps à la communauté; le saint-simonisme, le panthéisme et le fouriérisme y marchent également, et même par des voies d'absortion bien autrement dévorantes.

Nous croyons donc, à tort ou à raison, la communauté un fait encore lointain sans doute, mais inévitable; non la communauté à l'état brut et désordonné, une grande gamelle où chacun viendrait prendre pêle mêle sa pâture, mais une communauté organisée qui, tout en respectant l'individualité humaine dans ce qu'elle a de sacré, d'éternel, d inaliénable, étendrait à tous les hommes les bienfaits de la nature et de la civilisation.

Ici se dresse une objection délicate — Mais cette communauté, direz-vous, entraînerait des bouleversements et des ravages dans la constitution actuelle de la propriété? — Oui, si elle était imposée par contrainte. Mais de même que nous avons accordé au genre humain volontaire le droit de posséder, nous espérons bien qu'on accordera également au genre humain consentant le droit de se démunir.

Que, du reste, cette communauté entre foncièrement dans l'esprit du christianisme, c'est ce qu'il est facile de démontrer.

Voyons comment la société chrétienne se constitue tout d'abord sous les conseils des apôtres et l'esprit de l'Évangile.

« Ceux qui croyaient étaient unis tous en-
« semble, et ils n'avaient rien qui ne fût en
« commun;

« Ils vendaient même leurs possessions et
« leurs biens, et ils les distribuaient à tous les
« fidèles, selon les besoins de chacun.

« Rompant le pain, tantôt dans une maison,

« tantôt dans une autre, ils prenaient leur
« nourriture avec joie et avec simplicité de
« cœur. »

La communauté des biens dans toute son
étendue, et comme on nous mettrait en prison
si nous la pratiquions à cette heure, telle est,
on le voit, la première institution qui naît
spontanément de l'esprit de l'Évangile.

Luc, disciple de Jésus-Christ, écrivain de
l'histoire primitive de l'Église, revient sans
cesse sur cette union et ce partage des chrétiens entre eux.

« Toute la multitude de ceux qui croyaient,
« dit-il, n'était qu'un cœur et une âme, et
« aucun d'eux ne regardait rien de ce qu'il
« possédait comme lui appartenant en par-
« ticulier, mais ils mettaient tout en com-
« mun.

« Il n'y avait point de pauvres parmi eux,
« parce que tous ceux qui avaient des terres
« ou des maisons les vendaient et en appor-
« taient le prix,

« Le mettant aux pieds des apôtres, et on
« le distribuait à chacun selon son besoin.

« Joseph même, qui fut surnommé par les
« apôtres *Barnabé*, c'est-à-dire enfant de con-
« solation, qui était lévite de l'île de Chypre,

« Ayant une terre, la vendit et en apporta le
« prix et le mit aux pieds des apôtres. »

Certes voilà, si je ne me trompe, la communauté dans toute son énergie prohibée, et les sociétés *unionistes* que notre gouvernement poursuit à cette heure ne vont point au-delà.

Si à ce témoignage d'un contemporain qui avait les faits devant les yeux vous désirez entendre se joindre la voix de la tradition, écoutez un Père de l'Église :

« Ne soyez pas, vous est-il dit, plus cruels
« que les animaux privés de raison, vous qui
« êtes nés raisonnables. Les animaux sortis
« du sein de la terre usent en commun des
« dons de la nature. Les troupeaux de brebis
« et de moutons paissent ensemble sur la même
« colline. Une multitude de chevaux prennent
« leur nourriture dans la même plaine. Tous
« les animaux, chacun dans son espèce, se cè-
« dent mutuellement la jouissance des choses
« nécessaires à la vie. Et nous, nous retenons
« comme dans notre sein le bien commun, et
« nous possédons à nous seuls ce qui appar-
« tient à un grand nombre d'infortunés !

« Rougissons de nous-mêmes en nous re-
« présentant cet amour fraternel dont l'histoire
« nous montre les anciens Grecs animés. Chez

« quelques - uns d'entre eux une loi pleine
« d'humanité faisait d'un peuple nombreux une
« seule table commune, et en quelque sorte
« une seule maison.

« Mais laissons là ces étrangers et citons
« préférablement l'exemple de ces trois mille
« chrétiens qui formèrent la première société
« honorée de ce nom. Ils méritent bien que
« nous les prenions pour modèles. Tout était
« commun entre eux. Ils ne faisaient qu'un
« cœur, une âme, une voix, une table. C'était
« chez eux une fraternité dont rien ne pouvait
« rompre le lien, c'était un amour sincère qui
« de plusieurs corps n'en faisait qu'un seul et
« harmonisait en une seule volonté mille âmes
« différentes *. »

En disant que l'Évangile était ennemi des
excès et des abus de la propriété individuelle,
avons-nous avancé rien qui ne fût écrit plusieurs fois dans les annales du christianisme?

Pour nous réfuter et nous condamner il faudrait déchirer le Nouveau-Testament, démentir la tradition et récuser le témoignage una-
nime du genre humain.

Nous avons cependant ajouté que rien n'é-

---

* Saint Basile, *homélie sur la Faim.*

tait aussi délicat au monde, et que, plus nous croyions la propriété destinée à subir une transformation dans son mode d'existence, plus nous engagions, pour le présent, à la respecter aux mains de ceux qui la tiennent en dépôt.

Nous avons donc été plein de réserve et de modération.

Nous n'avons donc rien interprété sur ce point que les disciples du Christ n'aient compris et interprété comme nous.

Si nous sommes condamnables, les Actes des apôtres le sont avant nous, et nous proposons à nos modernes gouvernants de les faire brûler sur la place de Grève par la main du bourreau.

Nous avons ajouté que la doctrine du Christ était toute démocratique, en ce sens surtout qu'elle était venue établir l'égalité parmi les hommes.

Or, ici comme ailleurs, nous n'avons rien avancé qui ne soit confirmé, et au-delà, par le témoignage des premiers apôtres.

Reportons-nous au temps où le christianisme parut sur la terre dans cette société juive et romaine où les hommes n'accordaient leur respect qu'à la fortune, à la naissance et aux signes extérieurs. Or au milieu de ce monde de patriciat et d'aristocratie inflexible écou-

tons s'élever la voix de Jude, contemporain
et disciple de Jésus :

« Mes frères, que la foi que vous avez en
« Jésus-Christ notre Seigneur, qui est dans la
« gloire, ne souffre point que vous ayez d'ac-
« ception des personnes;

« Car s'il entre dans votre assemblée un
« homme qui ait une bague d'or et un habit
« magnifique et qu'il y entre aussi un homme
« mal vêtu,

« Et que vous considériez celui - ci qui est
« richement vêtu et que vous lui disiez : As-
« seyez - vous ici à cette place honorable; et
« que vous disiez au pauvre : Tenez - vous là
« debout, ou asseyez - vous à mes pieds,

« Ne faites-vous pas différence en vous-même
« entre l'un et l'autre, et ne formez-vous pas
« en cela un jugement sur des pensées injustes?

« Écoutez, mes frères : Dieu n'a - t - il pas
« choisi des personnes *pauvres* en ce monde,
« mais riches dans la foi, pour être les *héri-*
« *tiers* du *royaume* qu'il a promis à ceux qui
« l'aiment ?

« Et vous, au contraire, vous avez méprisé
« le pauvre. Ne sont-ce pas les *riches* * *qui vous*

---

* Saint Jude, sous notre moderne législation, eût été

« *oppriment par leur puissance et qui vous trainent*
« *devant les juges?*

« Ne sont-ce pas eux qui blasphèment * le
« saint nom dont le vôtre prend son origine?

« Que si vous accomplissez cette loi royale
« de l'Écriture, aimez votre prochain comme
« vous-mêmes, vous faites bien ;

« *Mais, si vous avez acception des personnes,*
« *vous péchez, et la loi vous accuse de la violer.*

« Or quiconque garde toute la loi et en viole
« un seul principe est capable de les violer
« tous **.

« Car celui qui a dit : Ne commettez point
« d'adultère, a dit aussi : Ne tuez point... De
« sorte que si vous vous abstenez de l'adultère
« et non pas de l'homicide, vous êtes violateur
« de la loi ***.

condamnable, à cause de ces paroles, pour excitation à la
haine entre les diverses classes de citoyens. (Voir les lois de
septembre.)

* Avions-nous tort quand nous disions que les riches et
les puissants avaient de tout temps fait résistance à la doctrine du Christ?

** Avions-nous tort quand nous disions qu'on ne pouvait
être chrétien et honorer servilement les grands, les riches,
les hommes en place?

*** Aux yeux de saint Jude cette tyrannie que le riche

« Prenez garde à vos paroles et à vos ac-
« tions, comme devant être jugés par *la loi de*
« *la liberté.* »

Ces paroles ne souffrent aucun commentaire;
elles sont assez nettes et précises : celui qui
ne les entend pas ne veut point avoir d'o-
reilles, et nous le laissons pour un sourd-muet
de l'ordre moral.

Que dirait maintenant saint Jude, que dirait le Christ lui-même s'il rentrait dans une
de nos églises, dans ces *assemblées* de chrétiens où le *pauvre se tient debout* ou s'asseoit
misérablement le long des galeries latérales

exerce sur le pauvre est un commencement d'homicide. C'est
en effet l'absortion et l'anéantissement d'un homme par un
autre. Saint Basile est au reste du même avis.

« L'homme, dit-il, qui a le pouvoir de remédier aux
misères du pauvre et qui cède sans résistance à l'entraîne-
ment d'une cupidité sans frein, pourrait être condamné au
même supplice que le meurtrier. »

Saint Ambroise tient à peu près le même langage : « Jusqu'où étendrez-vous, ô riches, vos passions insensées? Est-
ce que vous habiterez seuls sur la terre? Pourquoi chassez-
vous celui qui a part comme vous à la nature et voulez-
vous en être les possesseurs absolus? *La terre a été établie
pour tous les pauvres et pour tous les riches en commun :*
pourquoi donc, ô riches, vous appropriez-vous seuls le
droit de la posséder? »

aux pieds des riches, sur les marches de pierre des chapelles ?

Que dirait-il s'il entrait un jour de fête à Notre-Dame-de-Lorette ou à Saint-Roch, là où des barrières de bois défendent au non-payant l'usage des chaises et l'approche de l'autel, où les fauteuils de velours insultent aux haillons du misérable, et d'où le pauvre se retire avec confusion, comme faisant tache sur ce fond tout rayonnant de pompes et de dorures ?

Oh ! il éclaterait à la vue de ces ignominies et de ces profanations ; il chasserait une seconde fois du temple tous ces vendeurs de prières, et il les fustigerait sur le dos d'un bras sévère. C'est sans doute dans cette crainte que les princes des prêtres et les puissants le représentent, au fond de nos églises, les mains liées.

Oui, nous le disons avec peine, mais dans la sincérité de notre cœur, le christianisme n'est plus là.

Si le Christ revenait dans l'une de nos églises, lui qui n'avait pas même un sou pour acquitter l'impôt, il serait obligé, faute de chaise et de coussin, de poser sur la dalle humide et froide ses genoux sacrés.

Tout en flétrissant les excès et le mauvais

usage de la richesse, nous n'avons jamais prétendu qu'il faille maintenant dépouiller par violence ceux qui possèdent : d'abord parce que la chose serait injuste, ensuite parce qu'elle serait impossible. Tout homme étant propriétaire, ne fût-ce que de ses haillons et de son libre-arbitre, opposerait, dans le cas de résistance, un obstacle invincible à la communauté. Si nous avons parlé de révolutions profondes qui doivent communiquer à tous les États de l'Europe leurs sourds et lointains ébranlements, nous avons voulu dire que ces bouleversements contagieux amèneront à la fin, par des voies providentielles, l'association; qu'elles en seront, en un mot, les causes morales et non les instruments coercitifs.

Pour le moment nous acceptons les remèdes que pourraient apporter à l'état présent du malaise social quelques-unes de nos institutions; nous désirerions seulement étendre ces remèdes en proportion de la croissance du mal. Par des moyens que nul ne désavoue, nous voudrions amener dès maintenant toutes les classes à vivre convenablement. Sans rejeter l'aumône, nous ne la regardons que comme un palliatif impuissant, abandonné à la fantaisie égoïste du riche. Quoique nous aimions à voir le pauvre secouru, nous aimerions beaucoup mieux encore qu'il n'y eut point de pauvres à secourir. Pour cela il ne serait besoin que de développer l'instruction, de défendre les droits de l'ouvrier, de dégager les voies obstruées par la concurrence, d'ouvrir des débouchés aux produits du travail des mains et de la pensée. Les fortunes publiques arriveraient de la sorte, sans secousses et sans ébranlements, à une inégalité moins criante, à une répartition plus juste. Faute de favoriser le mouvement d'ascension qui se détermine maintenant dans les classes pauvres vers un bien-être raisonnable, et en faisant au contraire retomber toujours sur leur front baigné de sueur le lourd couvercle de la résistance, on prépare dans les profondeurs de la société des explosions terribles et des bouleversements infinis.

Si nous avons présenté dans notre livre la communauté comme le but final où viendront aboutir les révolutions qui se déterminent depuis soixante ans dans les fortunes, ce n'a été ni pour remuer les passions mauvaises ni pour jeter l'alarme dans les têtes faibles, mais pour hâter dans le présent, par le tableau de l'avenir, le mouvement juste et pacifique qui entraîne aujourd'hui toutes les classes vers une jouissance moins inégale du nécessaire. Quand Moïse voulait rendre son peuple parfait il lui présentait le type impossible et exagéré de la perfection divine, certain qu'il gagnerait beaucoup à s'en approcher, même de très-loin : *Estote ergo perfecti sicut et pater vester cœlestis perfectus est.*

Notre société devrait également, dans l'intérêt de l'ordre et de la conservation, s'approcher chaque jour de nos idées radicales au lieu de les écarter avec violence ; car elles sont les émissaires raisonnables de ces instincts farouches qui fermentent sourdement sous la compression. Si vous ne voulez pas des idées, vous aurez les faits.

On a également cru voir dans un passage de notre livre une attaque et une offense à toute la magistrature : on s'est mépris en pensant de la sorte ; nous n'avons entendu blâmer la magistrature que dans l'exercice d'une de ses fonctions, et celle de toutes la plus généralement réprouvée, nous voulons parler de l'application de la peine de mort.

Mais ici vient encore à notre aide l'opinion de M. Guizot lui-même : « L'homme qui déclare l'homme coupable, nous dit-il quelque part, et le punit à ce titre résout un problème et exerce un droit où Dieu seul est assuré de ne pas faillir.»Or nous soutenons que là où l'homme n'a aucun moyen d'arriver à une justice infaillible, il doit prudemment s'abstenir, du moins quand la *solution de ce problême* insoluble et *l'exercice* de ce *droit* équivoque intéressent la tête du condamné.

Résumons-nous.

Nous croyons avoir interprété l'Évangile selon la vérité :

Qu'on ne partage pas toujours néanmoins notre opinion sur le sens rationnel que nous avons avancé, rien de plus libre; mais qu'on prétende soumettre ce sens à une condamnation, c'est plus que de la démence. En vertu de quelle autorité nous jugerait-on? De l'Église? mais vous n'y croyez pas vous-mêmes.De la loi? mais elle ne peut atteindre des erreurs religieuses, à moins de retourner de deux siècles en arrière vers les bûchers et les inquisiteurs.

En nous frappant on rendrait désormais impossible en France toute discussion; on con-sacrerait le principe monstrueux de l'infailli-bité du pouvoir en matière religieuse et phi-losophique. Espérons qu'il n'en sera rien. Le nouveau ministère arrive, dit-on, avec des projets longuement et d'affreusement pré-médités de réaction à outrance; mais, s'il en était ainsi, la France ne s'y soumettrait pas. Les tribunaux qu'il invoque défendraient, il faut l'espérer, des remparts eux-mêmes contre les débordements du pouvoir. M. Guizot l'a promis, assure-t-on, à l'étranger : il vient punir la presse et la châtier.... Mais châtier aujourd'hui en France la liberté de la presse c'est vouloir ressembler à ce roi des Perses qui, dans son insolente folie, faisait fouetter la mer par ses esclaves, ce qui n'empêchait pas celle-ci de mugir et de se soulever.

Nous avons dit que la doctrine de Jésus-Christ était ennemie de la plupart des gouvernements tels qu'ils sont constitués. En cela nous avons avancé un fait que l'histoire confirme et que la raison seule ferait pressentir.

La société telle qu'elle régnait au temps de Jésus-Christ et telle qu'elle subsiste encore à cette heure repose tout entière sur le dogme païen. Qu'était en effet le paganisme? l'adoration de la matière au profit des sens. La loi civile qui découlait naturellement de cette théorie religieuse est l'égoïsme et la domination de la force.

Le christianisme au contraire venant pour faire prévaloir *l'esprit* sur la *chair* et l'unité sur l'individu devait être forcément amené à proclamer la liberté, *ubi spiritas ibi libertas*, et l'abnégation de l'homme au profit de l'humanité.

Avant même que nous nous donnions la peine d'ouvrir le livre et de consulter l'avis des disciples de Jésus, ce fait résulte naturellement *à priori* des persécutions que les princes, les empereurs et les prêtres de l'ancienne loi firent endurer aux premiers chrétiens. On ne s'amuse point à fouetter des hommes, à les mettre en croix, à les rôtir sur des grils, à les scier sur des chevalets, à les tourner sur des roues, à leur fouiller les entrailles avec des griffes de fer, à leur écorcher la peau avec des tenailles, à semer le monde entier de membres coupés et palpitants parce que quelques rêveurs s'avisent de croire en un autre monde au-delà de cette vie et en un mort ressuscité. Non, quels que froidement atroces qu'on suppose alors les maîtres de l'autorité, s'ils n'avaient vu dans le christianisme qu'une chimère religieuse, ils ne l'auraient point attaqué avec cet acharnement. Quand les magistrats juifs et romains sévirent avec cette rigueur contre les chrétiens, c'est qu'ils soupçonnaient par instinct dans leur doctrine naissante une opposition à l'autorité, à peu près comme Hérode devina dans le petit Enfant de Béthléem le libérateur du monde.

Voici Paul, par exemple, qui me dit : « J'ai

été en prison; j'ai reçu beaucoup de blessures; j'ai été souvent bien près de la mort. Les Juifs m'ont fait donner cinq fois trente coups de fouet. J'ai été battu de verges trois fois; j'ai été lapidé une fois... J'ai été en péril dans la ville, en péril dans le désert, en péril sur la mer, en péril de la part des faux frères...» Et l'on ne veut point que je le prenne, avant même tout examen, pour un factieux qui menace à la fois la société juive et païenne!

Ces disciples du charpentier arrivent dans un monde établi sur l'égoïsme, sur l'usurpation, sur la force, dans une société qui rapporte toutes les jouissances à certaines classes privilégiées, et les voilà, simples artisans eux-mêmes, pêcheurs de la mer de Galilée, qui se mettent à prêcher l'abnégation, la réforme, l'égalité des hommes devant Dieu. Nous croyons à l'action de la Providence dans le gouvernement des choses humaines, et par conséquent dans la propagation rapide des doctrines chétiennes sur toute la terre. Mais néanmoins cette subite manifestation de l'Évangile dans tous les peuples pourrait s'expliquer naturellement par l'enthousiasme avec lequel des classes depuis longtemps pauvres et souffrantes reçurent cette bonne nouvelle de délivrance. Si le christianisme eût été alors ce qu'il est de nos jours, c'est-à-dire une alliance de la religion avec le pouvoir, nul doute qu'il n'eût jamais franchi les limites de la Judée. C'est à son état militant et opprimé qu'il dut ce prompt succès dont nous sommes loin de nier le caractère miraculeux; car ce fut vraiment un miracle, et certes l'un des plus étonnants, que l'apparition subite de telles idées dans le monde.

Un peuple de chrétiens se forme en dehors de la société païenne, la démocratie la plus entière préside à sa constitution, les dignités entre les citoyens de cette société nouvelle se bornent à des fonctions, et souvent aux fonctions les plus humbles, comme le service des tables ou le soin des malades, suivant cette parole de Jésus-Christ : « Que celui qui commande soit parmi vous comme celui qui sert. »

Pendant ce temps-là l'empire romain accomplissait ses destinées. L'abus de la force, de l'usurpation et de l'injustice le précipitait de jour en jour vers sa ruine. Sa chute fut l'un des plus grands événements que nous présente l'histoire des peuples: Rome qui meurt, c'est un monde qui finit.

On pouvait espérer qu'à la chute de ce grand
empire que l'Évangile avait depuis longtemps
préparée, le minant en dessous et le mordant
aux entrailles, le christianisme allait enfin
jouer son rôle dans le monde; malheureusement
il n'en fut rien; la Providence avait eu besoin
d'un grand mouvement de peuples pour mettre
à bas ce colosse énorme; la guerre, l'invasion,
la force nécessaires au renversement de l'ancien ordre de choses présidèrent à la naissance des sociétés nouvelles. Les vainqueurs
ne tardèrent pas à subir les lois des vaincus,
et en peu de temps le monde se réorganisa
avec des ruines sur le modèle de l'empire
écroulé.

Après avoir contribué à briser le moule
tout païen de la société romaine, le christianisme ne profita point de cette ruine et de sa
victoire pour organiser le monde sous les lois
de l'Évangile. Son temps n'était pas encore
venu. Sans doute son action modifia un peu
l'exercice arbitraire et illimité de la toute-
puissance, mais en fait les peuples restèrent
à peu près ce qu'ils étaient auparavant, du-
res, implacables, féroces, esclaves du fort
et ennemies du faible, faisant du troupeau

des multitudes une hécatombe perpétuelle à quelques dieux dévorants.

La seule société qui subit un peu l'influence évangélique fut l'Église; encore, continuellement gênée par les passions des hommes et les fausses institutions qui l'entouraient, ne put-elle faire prendre au christianisme tout son développement. Nous maintenons néanmoins que cette socété est, depuis l'origine du monde, la plus libérale, la plus juste et la meilleure qui ait été. Il suffit de jeter un regard sur cette société où toutes les charges étaient électives, où le droit de représentation et de majorité protestait perpétuellement contre l'arbitraire, où la plupart des biens appartenaient en communauté à tous les hommes, pour se faire une idée de la grandeur et de l'équité des institutions nées du christianisme.

Le gouvernement même des papes, malgré les crimes et les abominations de ceux-ci, resta toujours le plus doux pour le peuple de tous les gouvernements, tant il est vrai que le pouvoir, quoique tout chargé des passions et des iniquités des hommes, ne peut s'approcher de l'Évangile sans se modifier. « La terre de l'Église, écrit Philippe de Comines, serait la plus heureuse habitation pour les sujets qui soit en tout le monde (car ils ne payent ne tailles, ne gueres autres choses) et sont toujours bien conduits.»

C'est en ce sens que nous regardons l'Église comme le moule de la société à venir.

Mais continuons d'examiner les commencements du christianisme et les premières influences qu'il apporta avec lui dans le monde.

Jésus-Christ étant mort à Jérusalem, les disciples se répandirent dans toute la Judée, prêchant au monde le Crucifié, demandant la réforme des anciennes institutions, l'abolition de la loi et le commencement de la liberté.

Comme changer tout d'abord la forme de la société juive et romaine était une entreprise au-dessus de leurs forces, ils invitèrent tous ceux qui croyaient en la nouvelle doctrine à se retirer * de l'ancien monde pour former entre eux une société **.

Ainsi s'organisa au milieu de la nation juive un peuple nouveau qui fut le peuple chrétien.

* Sauvez-vous de cette race perverse. (Paroles de saint Pierre, Act.)

** Afin que vous soyez en société avec nous et que notre société soit avec le Père et avec son Fils Jésus-Christ. (Jean, 1, 3.)

Pour mieux détacher ces nouveaux citoyens de l'ancienne loi et les tenir en société entre eux, les apôtres les exhortaient à
finir par arbitre leurs différents et leurs procès au lieu de les porter devant les magistrats : « N'y a-t-il point d'homme sage parmi
« vous, s'écrie saint Paul, qui puisse terminer
« les affaires entre vous! »

Les chrétiens avaient entre eux des réunions
et des lieux où ils s'assemblaient; ils prenaient
leurs repas ensemble **; ils passaient ensemble le meilleur temps de la journée, de sorte
qu'ils se retiraient peu à peu et naturellement
de l'ancienne alliance sociale pour en former une nouvelle entre eux sur d'autres
bases.

C'est de cette primitive société chétienne,
étendue par la suite à presque toute la terre,
que sortent originairement toutes les nations
modernes.

Cet esprit du christianisme incarné dans

** Nous ne sommes qu'un pain et un corps, nous tous qui
participons à un même pain. (Saint Paul, Corinth., x,
16, 17.)

** Vous n'êtes plus étrangers, mais citoyens avec les
saints et familiers de Dieu. (Saint Paul.)

certains hommes enfanta spirituellement au sein de la société juive et romaine en décadence une civilisation nouvelle et un nouveau peuple qui, après la ruine de l'empire, recommença les destinées du monde.

En dépit des formes païennes dont la société renaissante revêtit le pouvoir, le peuple, le fond de la nation, resta chrétien.

C'est cet élément chrétien sans cesse en lutte avec l'élément païen et idolâtre qui amena au bout de dix-huit siècles la grande révolution de 89, développement nécessaire des idées de l'Évangile.

Si en effet le paganisme consacrait le fétichisme mortel, l'adoration de l'homme par l'homme, le christianisme au contraire est venu le détruire en n'élevant au-dessus de l'homme qu'un seul Maître et Seigneur, qui est Dieu ; l'un était par la chair une loi d'esclavage et de soumission, l'autre est par l'esprit la loi de la liberté.

Que l'Évangile semé dans le cœur des peuples dût croître et se développer révolutionnairement avec les siècles, c'est ce qui résulte non-seulement des paroles de Jésus, mais encore de la tradition des premiers temps à un degré irrécusable de clarté.

Les peuples modernes, incarnations visibles de la lettre évangélique, doivent accomplir et expliquer par leur action progressive le sens de ce livre mystérieux : « Vous êtes la lettre de Jésus-Christ, dit saint Paul, qu'il nous a dictée et que nous avons écrite, non avec de l'encre, mais avec l'esprit du Dieu vivant [*]. »

Le même apôtre parle encore plus nettement en comparant la société au corps de Jésus-Christ, « qui s'accomplit dans toutes les choses qui se font en nous, parce que nous sommes les membres de son corps ; nous sommes de sa chair et de ses os [**]. »

En mille autres endroits saint Paul parle *d'édifier en tous le corps de Jésus-Christ.*

Certes, nous n'avons donc rien fait que nous n'ayons pu et dû faire loyalement en étendant à l'humanité tout entière ce qui est rapporté de Jésus-Christ dans l'Évangile et en expliquant la lettre morte du livre par l'action vivante des peuples, laquelle se manifeste surtout de nos jours dans les révolutions.

Nous avons avancé que le christianisme s'annonça tout d'abord dans le monde comme

[*] ii, Cor., iii, 3.
[**] Ép., i, 23.

une doctrine de liberté, et que c'est à ce caractère d'indépendance qu'ils dut, humainement parlant, ses rapides accroissements.

« L'esprit que vous avez reçu, s'écrie saint Paul, n'est pas un esprit de *servitude* qui fasse vivre encore dans la *crainte*, mais c'est l'esprit des enfants adoptés de Dieu par lequel nous crions : *Abba, notre Père!*

« Car, pour vous, mes frères, vous avez été appelés à la *liberté* *. »

Ailleurs l'apôtre explique comment cette délivrance s'est faite par la force inhérente du progrès et par le développement toujours actif de l'humanité croissante :

« Je vous dis que tant que l'héritier est enfant il ne diffère en rien des serviteurs, quoiqu'il soit le maître de tous ;

« Mais il est sous la puissance des tuteurs et des administrateurs de son père a ordonnés.

« De même que nous étions enfants nous vivions dans le monde.

« Mais lorsque la plénitude du temps est venue Dieu a envoyé son Fils, qui a été fait d'une femme et a été sujet à la loi,

« Afin qu'il rachetât ceux qui étaient sous

' Rom., viii, 1.

la loi et que l'adoption des enfants fût accomplie en nous.

« C'est pourquoi vous n'êtes plus esclave, mais fils *. »

Comparant l'esclavage et la liberté à deux mères, saint Paul ajoute :

« Or, pour nous, mes frères, nous sommes, comme Isaac, les enfants de la promesse :

« Mais comme alors celui qui était né selon la chair *persécutait* celui qui était né selon l'esprit, *ainsi présentement la même chose se voit encore*.

« Toutefois, que dit l'Écriture ? Chassez la « servante et son fils; car le fils de l'esclave « ne sera pas héritier avec le fils de la libre. « C'est pourquoi, mes frères, nous ne sommes « pas les enfants de l'*esclave*, mais de la *libre*, « et *c'est Jésus-Christ qui nous a acquis cette li-* « *berté* **. »

Cette liberté, gênée maintenant par les passions et les mauvais désirs des hommes, doit s'étendre un jour à toute la nature.

« Les créatures mêmes attendent avec un « ardent désir que cette gloire des enfants de « Dieu paraisse,

* Galat., IV, 1, 7.

** Galat., IV, 28-31.

« Car c'est malgré elles qu'elles sont assu-
« jetties à la vanité d'un maître ; mais c'est
« pour obéir à celui qui les y a assujetties
« dans l'espérance d'en être délivrés ;

« Parce que la créature même sera dégagée
« de la SERVITUDE pour participer à la liberté
« que les enfants de Dieu auront dans la
« gloire ;

« Car nous savons que jusqu'à cette heure
« toutes les créatures l'attendent en gémis-
« sant comme une femme dans le travail *.

Certes, si nous n'étions ici à couvert sous
l'autorité des saintes Lettres, que diraient
ceux qui nous accusent d'extravagance et de
crime parce que nous attendons une délivrance ? Voici saint Paul qui l'attend, non-
seulement pour l'humanité, mais encore
pour toutes les créatures réduites, selon lui,
en servitude et traînant sous le joug une vie
misérable.

La doctrine de Jésus-Christ repousse, au
nom de la dignité humaine, toutes les servitudes, toutes les gênes matérielles ou morales
par lesquelles la loi et le pouvoir veulent em-
barrasser le libre exercice de notre être.

* Rom., VIII, 19-22.

« Quelques faux-frères, dit saint Paul, s'é-
tant glissés parmi nous pour éprouver la liberté que nous avons en Jésus-Christ et pour
nous réduire à la servitude, nous ne nous re-
lâchâmes point pour eux, et ne *voulûmes point
nous assujettir*, même pour peu temps, afin que
la *vérité* de l'Évangile demeurât parmi vous *. »

Tout chrétien qui *s'assujettit* attente, comme
on voit, à la *bonne nouvelle* de délivrance que
Jésus a semée dans le monde et dément autant qu'il est en lui la vérité de l'Évangile. Il
va plus loin encore : il méprise le sang versé
sur le Calvaire, car ce sang n'a coulé que
pour la liberté; ce sang était la monnaie de
notre délivrance. « Vous avez été racheté par
un grand prix, dit l'apôtre; n'allez pas maintenant vous faire les esclaves des hommes. »

De toutes les servitudes la plus immorale,
la plus anti-chrétienne, la plus impie est celle
qui s'attaque à la pensée, car la pensée est
quelque chose de plus que l'homme; la tenir en
esclavage c'est tyranniser Dieu. Aussi Paul ne
trouve-t-il pas assez de menaces et d'éclats
contre ces oppresseurs de la parole qui, par

____
* Galat., ii, 4, 5.

un égoïsme brutal, « tiennent la vérité cap-
tive. »

Contre tous ces maux de l'ancien monde,
toutes ces servitudes athées, l'apôtre ne trouve
que ce remède, une résistance à mort !... Or
c'est ici surtout que le christianisme lui ap-
paraît comme une doctrine de liberté; car
seul, nous dit-il, il a su « délivrer de la crainte
de la mort ceux que, pendant toute leur vie,
cette crainte soumettait à la servitude. »

La résurrection de Jésus-Christ entraîne,
aux yeux de l'apôtre, la résurrection de l'esclavage à la liberté : « Lorsque Jésus est
« monté au ciel, nous dit-il, il a emmené les
« captifs. »

Si maintenant nous avons eu tort d'expliquer comme nous l'avons fait la résurrection
du Christ soulevant lui-même la pierre de
son tombeau par la grande résurrection des
peuples, repoussant la pierre lourde et scellée
de la servitude, nous sommes coupables avec
saint Paul lui-même on ne peut nous frapper sans le frapper du même coup; le jour
où l'on nous condamnerait il faudrait briser
ses statues dans nos temples.

Nous avons dit que Jésus-Christ, pendant toute sa vie, avait résisté aux princes et aux puissants, défiant en quelque sorte leur autorité par la liberté de sa mort. Ses disciples suivirent cet exemple. Les premiers chrétiens ne parlent pas des rois, des princes et des magistrats avec plus de respect que Jésus-Christ n'en mettait à parler des pharisiens ou du roi Hérode.

Suivant saint Paul, Jésus-Christ « a dépouillé les principautés et les puissances, il les a exposées à *l'infamie*, triomphant d'elles ouvertement par sa propre puissance [*]. »

Suivant l'apôtre leur fin est venue : « Les princes du monde périssent *principum hujus saeculi qui destruuntur* [**]. »

Néanmoins saint Paul s'attend de leur part à une réaction désespérée ; aussi prépare-t-il les fidèles à la lutte : « Nous n'avons pas seulement à combattre, leur dit-il, contre la chair et le sang, mais contre les princes du monde. Prenez donc les armes de Dieu, afin qu'aux jours mauvais vous leur puissiez résister, et

---

[*] Col., II, 15.
[**] Corint., II, 6.

qu'étant parfaitement munis vous souteniez
contre eux le combat *. »

Certes voilà, si je ne me trompe, une lutte
engagée entre les chrétiens et les puissants
où l'apôtre excite les siens à la résistance.
Le ministère public ne manquerait pas de trouver de nos jours à punir. Ceci ne pouvait guère
être, il est vrai, qu'une résistance morale ; car
les chrétiens n'étaient alors ni assez forts ni assez
nombreux pour tenir tête aux entreprises des
maîtres de l'autorité. Saint Paul ne les en
exhorte pas moins au courage et à la fermeté :
« Dieu, leur dit-il, ne vous a pas donné un es-
« prit de timidité, mais de force **. »

Ailleurs l'apôtre explique la nature de cette
résistance : « Les armes de notre milice, dit-
il, ne sont pas charnelles. » Qu'avons-nous
dit autre chose ? C'est par les armes de l'intelligence, les seules qu'il convient encore
d'employer, que nous vous avons engagé à
combattre les envahissements du pouvoir ;
comme Paul nous vous avons assuré que
ces armes non charnelles étaient puissantes
dans le temps présent *à détruire les places for-*

* Éphèse, v. 1, 12, 13.
* Cor., x, 15.

tes et à renverser les conseils des hommes *.»

Nous n'avons donc outre-passé en rien les limites les plus sévères. Cette résistance morale aux excès des gouvernements écrite dans les droits de la nature humaine est encore confirmée et sanctionnée au-delà par la religion.

Il est vrai que saint Pierre dit quelque part, comme nous l'avons au reste dit nous-même par amour de l'ordre et de la sagesse : «Obéissez au roi comme au souverain. » Mais outre que cette parole pouvait bien n'être de sa part qu'un conseil de prudence dicté par les nécessités du temps où il vivait, nous allons en trouver le vrai sens explicatif, avec plus de liberté que nous n'oserions le faire, sur la bouche même d'un chef de l'Église. « Quant à ce que vous dites que vous êtes soumis aux rois et aux princes à cause du précepte de l'apôtre : *Obéissez au roi comme au souverain,* je vous approuve en cela. Cependant voyez si ces rois et ces princes auxquels vous êtes soumis, dites-vous, sont véritablement rois et princes ; voyez s'ils régissent bien eux-mêmes d'abord, ensuite le peuple qui leur est

* Thim, ii, 7.

confié; voyez s'ils *gouvernent selon le droit* : autrement on devrait plutôt les tenir pour tyrans que pour rois, et leur *résister* et *s'élever contre eux* plutôt que de leur être soumis. Car si nous étions soumis à de tels princes, et non *préposés sur eux*, nous ne pourrions éviter de favoriser leurs vices. Obéissez donc au roi qui est au-dessus des autres par ses vertus et non par ses vices, obéissez, mais, comme dit l'apôtre, à cause de Dieu, et non contre Dieu *. »

Or c'est obéir *contre Dieu* que de se soumettre à des lois et à des volontés souveraines qui tendent à dégrader son image par la misère, l'oppression, l'abrutissement; car le Créateur, au commencement, fit l'homme libre, intelligent, heureux. C'est en *gouvernant* contre *le droit* que les maîtres de l'autorité ont fait descendre cette créature privilégiée à un état abject et délabré qui doit faire rougir aujourd'hui son auteur et lui donner sujet de se *repentir d'avoir créé l'homme* **.

Nous avons avancé que l'égalité était dans l'esprit du christianisme et dans la lettre

* Nicol., 1.
** *Genése.*

même de l'Évangile : nous irons plus loin maintenant; nous dirons qu'elle se trouve consignée dans tous les livres des apôtres. Saint Paul n'admet plus aucune distinction de rang, de nation ni de naissance : « Il n'y a plus, s'écrie-t-il, ni de juifs, ni de grecs, ni de libres, ni d'esclaves, ni d'hommes, ni de femmes, car vous êtes tous un en Jésus-Christ *. »

« Dépouillez - vous du vieil homme et revêtez-vous du nouveau, qui se rétablit, par la connaissance, à l'image de celui qui l'a créé,

« Dans lequel il n'y a plus ni gentil, ni juif, ni circoncis, ni incirconcis, ni barbare, ni scythe, ni esclave, ni libre, mais Jésus est tout en tous. »

Le vieil homme dont l'humanité est en train de se dépouiller est l'esclavage païen, pour se revêtir de l'homme nouveau, qui est Jésus-Christ, c'est-à-dire Dieu présent et égal en tous.

C'est en ce sens que nous sommes tous « les membres les uns des autres. »Saint Paul organise ces membres en un grand corps social où tous prennent leur raison d'égalité dans les services réciproques qu'ils se rendent :

« Comme le corps, qui n'est qu'un, a néan-

moins plusieurs membres et que cette multitude de membres ne compose qu'un seul corps,
il en est de même de Jésus-Christ.

« Nous avons tous été baptisés par un même esprit pour être un seul corps, soit juifs ou
gentils, soit libres ou esclaves, et nous avons
tous bu pour avoir le même esprit *.

« Le corps n'est pas un seul membre, mais
plusieurs. Si le pied dit : Parce que je ne suis
pas la main je ne suis pas du corps, laisse-t-
il d'être du corps?

« Si tout le corps n'était qu'œil, où serait
l'ouïe? et si tout était l'ouïe, où serait l'odorat?

« Dieu a donné au corps plusieurs membres
et il les a placés chacun comme il lui a plu.

« Si tout n'était qu'un seul membre, où serait le corps? »

Jusqu'ici saint Paul établit la diversité des
fonctions dont on a fait dériver de tout temps,
par une pente fausse et absurde, l'inégalité de
traitement et de fortune. L'apôtre redresse
cette conclusion dans ce qui va suivre:

« Mais il y a plusieurs membres et un seul
corps.

<hr>

* Avions-nous tort quand nous représentions la commu-
au point de vue social, comme le repas égalitaire?

« Or l'œil ne peut dire à la main : Je n'ai pas besoin de vous... ni la tête aux pieds : Je me puis passer de vous.

« Au contraire, les membres qui semblent les *plus faibles* sont les plus nécessaires,

« Et plus quelques-uns d'entre eux nous paraissent vils, plus nous avons besoin de les voiler et de les couvrir honorablement*.

« Car pour ceux qui n'ont rien que d'honnête ils n'ont besoin de rien : or Dieu a apporté ce tempérament au corps, qu'il a mis plus d'honneur en ce qui en a le moins **.

« Pour empêcher qu'il n'y ait de division au corps et pour faire qu'un membre s'intéresse pour le bien des autres.

« Quand un membre souffre tous les autres souffrent avec lui, et quand un membre est

---

* Quel grand crime avons-nous donc commis en proposant de traiter les prostituées, ces membres vils, plus décemment et plus honorablement qu'on ne le fait ?

** Cette seule phrase justifie toute la partie incriminée de notre livre. Qu'avons-nous fait autre chose que d'appeler l'honneur, les égards et le bien-être sur la partie *moins honorable* de la société? Pour que la condamnation vienne jusqu'à nous, il faut donc qu'elle passe sur l'autorité même du plus fameux docteur de l'Église.

dans la gloire tous les autres ont part à sa joie :

« Or vous êtes le corps de Jésus-Christ et les membres liés l'un à l'autre *.

C'est dans ces sentiments tout chrétiens de l'unité et de l'universalité humaine que nous avons entrepris dans notre livre de faire cesser ces souffrances de certains membres, persuadé que leurs maux et leur désorganisation retentissent sur l'ensemble du corps.

Nous n'avons jamais voulu attaquer, dans l'état présent des choses, la propriété, mais les *abus* de la propriété, c'est-à-dire l'avarice, la cupidité et ces accumulations exorbitantes de richesses sur certaines têtes qui privent par cela même la masse du nécessaire.

Ces entassements de bien-être sur quelques individus peu nombreux au détriment du grand nombre qui souffre ont deux résultats également anti-sociaux : le premier de rompre complétement l'équilibre dans l'organisation matérielle d'un peuple, le second d'entretenir parmi les petits propriétaires, et surtout parmi les pauvres, des jalousies et des convoitises qui tendent, par le progrès des multi-

* Cor. xv, 24.

todes, à une dernière et violente spoliation.

Le principe chrétien introduit dans la société amènerait une répartition plus équitable des fortunes, quoique toujours infiniment variées, et reculerait sinon pour toujours, au moins pour longtemps encore, la communauté, but final de la doctrine de l'Évangile.

Cette égalité chrétienne s'étend jusqu'aux intelligences qu'elle veut faire entrer toutes en participation de la science : « Voici l'alliance que je ferai avec la maison d'Israël après ce temps-là, dit le Seigneur : je graverai mes lois dans leur esprit et je les écrirai dans leur cœur, et je serai leur Dieu et ils seront mon peuple. Et chacun d'eux *n'instruira plus son prochain* et son frère, disant : Connaissez le Seigneur, mais tous me connaîtront *depuis le plus petit jusqu'au plus grand* *. »

Cette égalité chrétienne s'étend même aux fortunes : « Car ce n'est pas pour vous être à charge, dit saint Paul, et pour soulager les autres que l'aumône se recueille, *mais pour vous rendre égaux*, en suppléant présentement à leur pauvreté par vos richesses, afin que vos richesses suppléent ainsi à votre pauvreté, èt qu'ainsi *l'égalité se rencontre parmi vous**. »

Cette égalité chrétienne s'étend enfin, avec le temps, à toutes les conditions, et ce sera là le complément de l'œuvre de Jésus-Christ sur la terre : « Après viendra la fin, lorsqu'il aura remis son royaume entre les mains de son Dieu et de son père, *lorsqu'il aura fait cesser toute principauté, toute autorité et toute puissance **. »

Nous le demandons maintenant à tous les lecteurs de bonne foi : ayant à exposer dans un livre la vraie doctrine de l'Évangile, cette doctrine, comme vous venez de le voir, toute de démocratie et d'égalité, pouvions-nous, sans mentir à notre mission, sans insulter le Christ, sans souffléter le sens primitif des Écritures, accepter les idées d'aristocratie et de domination dont nos modernes pontifes ont recouvert le christianisme comme d'un haillon de pourpre?

En menaçant certaines classes privilégiées d'une colère à venir qui éclaterait inévitablement sur leur tête ou sur celle de leurs enfants, qu'avons-nous fait de plus que saint

---

Cor. viii, 13, 14.

Jacques quand il dit : « Et vous, riches, pleurez et jetez des cris de désespoir pour les afflictions qui vous doivent arriver. »

« La rouille a consumé votre or et votre argent; elle rendra témoignage contre vous et dévorera votre chair comme le feu. Vous vous êtes *amassé un trésor de colère pour les derniers jours;*

« Vous avez vécu sur la terre dans les délices; votre table a toujours été magnifique, comme aux jours que l'on offre des victimes;

« Vous avez condamné et fait mourir le juste * sans qu'il vous résiste **. »

Saint Paul flétrit également, au nom de l'humanité et de l'intérêt commun, les entreprises de certains hommes puissants sur leur semblable : « Apprenez à ne pas vous élever par orgueil par-dessus vos frères.

« Que si vous vous déchirez et vous *dévorez* les uns les autres, prenez garde que vous ne vous détruisiez vous-mêmes ***. »

---

* Non pas Jésus-Christ, car l'apôtre parle ici à des chrétiens, mais le pauvre et le faible, que les riches font mourir de faim ou qu'ils tuent dans leurs tribunaux sous des peines insupportables. (Saint Augustin.)

* Saint Jacques, v. 1, 3, 5, 6.

* Gal., v 15.

Quant au sens que nous avons attaché à ces paroles du Christ : « Les premiers seront les derniers et les derniers les premiers, » nous en sommes fâché pour nos contradicteurs, mais il se trouve confirmé par saint Paul lui-même :

« Mes frères, considérez ceux que Dieu a appelés parmi vous : il n'y en a pas beaucoup de sages selon la chair; il n'y en a pas beaucoup d'élevés en dignité et en puissance; il n'y en a pas beaucoup de nobles.

« Dieu s'est servi de ceux qui étaient *vils* et *méprisables* dans le monde *et de ceux qui n'é-taient rien* pour *détruire* ce qui était grand et illustre *. »

Ailleurs l'apôtre s'adresse aux princes et aux puissants en ces termes : «Nous sommes faibles, et vous êtes forts; vous êtes nobles, et nous sommes des personnes obscures.

« Vous êtes *déjà* remplis de bien, vous êtes riches, vous régnez sans nous, et Dieu veuille que vous régniez, afin que *nous régnions aussi avec vous*.

Quand nous aurions dit que les chefs n'étaient, au point de vue chrétien, que les dépositaires

* Cor. i, 26, 28.

de la puissance, et les riches que les économes du bien public, ces deux priviléges devant se répartir un jour à tous les hommes de telle sorte que nous entrions tous par la suite en jouissance de l'autorité et de la fortune, qu'aurions-nous donc avancé qui fût si répréhensible, si contraire à l'esprit des Écritures?

En vérité, il faudrait une bien grande ignorance des textes saints ou une bien grande mauvaise foi pour qu'on osât incriminer une doctrine qui n'est point la nôtre, mais celle de Jésus-Christ même, attestée, éclaircie, comme on voit, par les plus hauts témoignages.

La résistance opposée par les premiers chrétiens à l'autorité juive et romaine était énergique, fière, persistante, inflexible; elle ne reculait devant rien, ni devant la prison, ni devant la mort.

On les traitait comme on traite encore de nos jours en certains pays les écrivains indépendants qui réclament la liberté de l'intelligence. On les traînait devant les juges, on les bannissait publiquement, « comme des criminels et comme les ordures de toute la terre *.

______
* Cor, iv, 13.

On les donnait, comme de nos jours, pour des perturbateurs et des ennemis du repos public : « Nous avons trouvé, disait l'accusateur Tertulle au gouverneur Félix en parlant de Paul, que cet homme est une peste publique, qu'il excite par toute la terre des troubles et des séditions. »

M. Partarieu-Lafosse, ou tout autre, n'en pourra guère dire pire contre nous.

Ailleurs on les accuse de se montrer « rebelles aux lois et à César. »

Plus loin on les représente comme des émeutiers qui « portent du trouble dans la ville, enseignant une nouvelle manière de vie. »

Enfin chacun de leurs pas est marqué par une poursuite des magistrats ou par un mauvais traitement des gardes.

Si nous sommes aujourd'hui persécuté comme eux, c'est une nouvelle preuve que nous avons avancé et défendu les mêmes doctrines.

Nous reprochera-t-on donc de ne point avoir gardé en cette occasion le magnanime silence du Christ, de n'avoir point offert notre joue humblement aux soufflets : non, l'on va voir que ce n'est pas ainsi que Paul entendait la dignité humaine et la parole de son maître. Le pontife Ananie ayant commandé de donner un soufflet à l'apôtre, celui-ci, indigné, lui dit : « Dieu te frappera, muraille blanchie ! »

La résistance morale, la résistance de la parole à tout acte qui semble injuste et inique a été de tous temps permise, encouragée, ordonnée même à l'homme, au nom de sa dignité, et sous peine de faire rougir celui qui le créa.

Il nous reste à répondre à ceux qui, croyant le christianisme immobilisé dans l'Église, regarderaient comme des innovations dangereuses les progrès que nous avons annoncés pour l'avenir.

Suivant saint Paul le christianisme incarné dans l'humanité est un temple en construction ; chacun apporte sa pierre à l'œuvre, et l'édifice s'élève de siècle en siècle jusqu'à la consommation de toutes choses, c'est-à-dire jusqu'au jour où l'humanité ayant atteint tous ses développements, elle s'arrêtera comme parvenue à son sommet.

L'apôtre nous exhorte sans cesse dans ce sentiment à *édifier le corps de Jésus-Christ,* « jusqu'à ce que nous soyons parvenus à l'unité de la foi et de la connaissance du fils de Dieu, à l'âge de l'homme parfait et de la plénitude de Jésus-Christ.

Parlant de la première alliance sociale que

Dieu avait fait avec les Juifs, saint Paul ne la blâme ni ne la condamne pas plus pour le passé que nous ne condamnons nous-même les institutions qui depuis des temps anciens régissent notre société; seulement il la regarde *comme étant vieillie*, et il ajoute dans un sentiment élevé du progrès et de la transformation progressive des choses : « Ce qui vieillit n'est pas loin de sa fin. »

Il est impossible de nier que ce ne fût de ce renouvellement prochain que les apôtres entendissent parler quand ils annonçaient une venue immédiate du Christ : « En peu de temps celui qui doit venir viendra, et il ne tardera point. » Ils ajoutaient qu'il allait « renouveler toutes choses. » Comparant en lui-même la création lente et progressive des destinées humaines à la création du monde, qui n'arriva qu'à travers une série de transformations à l'état fixe et solide où nous le voyons maintenant, saint Paul termine en disant : « Il reste donc un sabbat que le peuple de Dieu doit célébrer. »

Nous sommes en effet maintenant dans l'élaboration des journées humaines, et nous attendons, après ce travail de la grande semaine des siècles, le jour du repos,

Nous ne nous prévaudrons pas ici du témoignage ni de l'autorité de l'Apocalypse, ce livre obscur qui se prête à tant d'interprétations diverses : cependant il est impossible de nier que ces grands mouvements qui changent et renouvellent successivement la face de la terre pour l'amener à l'état de gloire et de quiétude ne soient dans l'idée de son auteur des figures du développement révolutionnaire de l'humanité.

Cet avénement final du dernier messie est regardé par les disciples du Christ, sur le témoignage de leur Maître, comme une délivrance : « L'heure est venue, dit saint Paul, qu'il faut sortir de notre sommeil, parce que notre liberté est maintenant plus proche qu'elle ne l'était lorsque nous avons cru. »

Enfin saint Paul se charge de nous expliquer ailleurs ce progrès vers la liberté et vers la perfection sociale en termes encore plus clairs que nous ne l'avons fait jusqu'ici : « Quand j'étais enfant je parlais en enfant, j'avais des sentiments d'enfant, des pensées d'enfant; mais, maintenant que je suis devenu homme, j'ai perdu ce qui tenait de l'enfance.

« Nous ne voyons maintenant les choses que dans un miroir et sous des images obscures : alors nous les verrons en elles-mêmes et à face découverte. Je ne connais maintenant qu'imparfaitement, mais alors je connaîtrai, comme j'ai été moi-même connu : maintenant ces trois choses demeurent la foi, l'espérance et la charité ; mais la plus grande de toutes c'est la charité. »

Nous allons expliquer cette croissance du corps de Jésus-Christ dans l'humanité par ces trois degrés théologiques, la foi, l'espérance, la charité, qui forment pour ainsi dire l'ordre ascendant de l'humanité vers son but. Le premier âge du christianisme a été un âge de foi ; car c'est par la foi que les intelligences inégales s'équilibrent entre elles, recevant toutes le même symbole. Nous sommes maintenant dans l'âge d'espérance, c'est-à-dire dans cet âge de transition qui prélude par l'attente et par la préparation de l'esprit à la manifestation dernière du Verbe. Nous marchons vers l'âge de la charité, qui sera un âge d'amour et d'union.

Notre livre n'a guère été que le développement de cette pensée ; nous avons montré l'humanité passant par la forme matériel du Christ afin d'arriver par elle à l'esprit et enfin à la consommation de toutes choses, qui est l'amour.

Si c'est là faire outrage à l'Évangile, aux bonnes mœurs, à certaines classes, à la religion, au gouvernement du roi, nous en sommes fâché, mais vraiment nous sommes encore à le comprendre. Avouez plutôt franchement qu'il n'y a rien de cela dans notre livre et que le ministère public s'est trompé. *L'Évangile du Peuple* est tout simplement l'histoire du Christ appliquée au peuple, en ce sens que dans le développement de l'Homme-Dieu l'auteur a vu ou cru voir le développement éternel de l'humanité se transmettant d'âge en âge, par des degrés successifs, jusqu'à cette grande résurrection finale qui terminera nos destinées.

Que conclure de tout ceci ? Que le ministère a voulu voir de la politique là où il n'y en avait pas.

Il s'est fait notre agresseur dans un moment où, entraîné par la grandeur et la beauté du symbole chrétien, nous venions de l'exposer, selon nos faibles forces, aux hommes qui commencent à passer devant lui avec indifférence et dédain, les uns parce qu'ils ne le comprennent plus, les autres parce qu'ils ne le comprennent pas encore. Nous avons relevé certaines formes catholiques tombées en désuétude et en mépris parce qu'on s'obstine à les imposer au peuple comme des mystères impénétrables et non comme des guides initiateurs qui doivent amener par la foi les intelligences du second ordre à la compréhension du Verbe. Dans le cas d'erreur nous ne croirions pas encore avoir nui au christianisme quand nous aurions démontré que, même le sens religieux mis à part, il resterait encore en lui une philosophie sublime et une société parfaite.

L'humanité enfant a été enveloppée dans l'Église comme dans des langes : il est temps qu'elle lève et dépouille ces langes primitifs pour découvrir en dessous la superbe nudité du dogme et le corps multiple de Jésus-Christ. Ce corps est, comme nous l'avons dit, le peuple qui, par l'éducation évangélique, s'initie à la connaissance du Christ, dont il doit répéter dans sa chair les souffrances et les destinées afin d'arriver progressivement à la gloire.

Que conclure encore? — Nous croyons le christianisme destiné à se développer indé-

finiment au sein de l'humanité par une voie
de transformations croissantes et toujours
progressives. Ceux donc qui disent que la religion est fixée disent une chose absurde et
impie : le jour où les religions s'arrêtent c'est
qu'elles sont mortes.

Les religions ne sont en effet dans leur véritable donnée que le mouvement d'ascension
de l'humanité vers Dieu, mouvement éternel,
continu, toujours actif, car la divinité est infinie dans son aspiration comme dans son
être.

L'homme ne fait pas, comme on l'a dit,
ses croyances, mais il les développe. Les
symboles ne sont dans les religions que des
formes sur lesquelles chaque siècle vient
poser sa pensée ; la lettre des livres sacrés
n'est qu'un signe muet et obscur dont chaque
âge tire, par voie d'interprétation, des sens
inattendus et lumineux sous l'action vivifiante
de l'esprit humain en progrès.

En donnant au Christ une autre significa-
tion et une autre valeur que celle qu'on lui
donnait dans les âges d'ignorance, nous n'a-
vons donc fait qu'user d'un droit que la raison
nous accordait. Pendant longtemps les peuples n'avaient vu dans l'Évangile que la rési-

gnation muette et la soumission aveugle;
nous y avons trouvé écrite la résistance.

En agissant ainsi nous avons satisfait à un
double devoir d'homme et de citoyen. Nous
ne dirons pas comme M. Cousin : «Celui qui
prend ici la parole est sorti du peuple et du
christianisme. » — Non, celui qui écrit ces
lignes est encore dans le christianisme et dans
le peuple, mais il est dans ce christianisme
qui, uni au peuple, se développe incessamment
de manière à étendre sans limite, par l'action
de l'esprit humain, ce que l'apôtre saint Paul
nomme la croissance du corps de Jésus-Christ.

Nos descendants trouveront encore dans ce
livre bien d'autres sens que nous ne prévoyons
pas, car le propre du mouvement intellectuel
est de manifester Dieu sous toutes ses formes ;
ceux qui sont dans ce mouvement sont dans
l'ordre et dans la vie, ceux au contraire qui
s'en retirent tombent aussitôt dans le désordre de la mort; ce sont les branches sèches
que Jésus-Christ menaçait du feu; ils commencent et éternisent sur la terre le supplice des damnés, qui consiste dans la morne
immobilité de l'igorance.

Si, en nous accusant d'avoir défiguré l'É-
vangile, on a voulu dire que notre doctrine

ne ressemble pas à celle que l'on prêche maintenant dans les églises *, on a émis là une opinion naïve qui trouvera peu de contradicteurs :
mais nous soutenons, nous, que la religion
en dehors du mouvement humain et de la vie
n'est point le vrai christianisme. Ceux au
contraire qui sont dans la révélation croissante des peuples manifestée au dehors par
des révolutions et des réformes sont en Dieu,
car la Divinité n'exerce providentiellement
son action que par l'ordre naturel du monde.

Ce n'est pas nous qui avons interprété l'É-
vangile dans un sens radical, ce sont les événements ; ce Jesus-Christ que nous avons manifesté est le seul vrai, le seul possible, le
seul divin après la révolution de 89.

Ce n'est pas nous qui le premier avons dit :
« Le sans-culotte Jésus. »

En rapprochant le dessein qui envoya Jésus-
Christ sur la terre de la volonté supérieure
qui amena la révolution française, nous n'a-
vons fait que mettre la Providence d'accord
avec elle-même ; nous n'avons point voulu,

---

* Déjà cependant se forme secrètement au sein même du
clergé un parti ami des lumières, du progrès, de la liberté
qui n'attend qu'une occasion pour se découvrir.

créature d'un jour, placer notre mot périssable à côté de la lettre de l'Évangile; nous avons laissé cette lettre s'interpréter elle-même et se développer par l'action libre des peuples.

Oui, encore une fois, nous ne sommes point l'auteur de *l'Évangile du Peuple*; aussi bien n'y avons-nous pas attaché notre nom; l'auteur c'est cet esprit révolutionnaire qui n'est après tout que l'esprit humain, c'est-à-dire la raison de tous, toujours croissante, interprète éternelle du sens obscur de la lettre, et dont nous n'avons été dans notre livre que l'organe imparfait, que l'écho lointain et affaibli.

Nous proposons donc au pays d'admettre notre livre, au jury de nous renvoyer absous. Nous dirons à tous les citoyens sages, avec Gamaliel, le docteur de la loi : « Je vous conseille présentement de ne point inquiéter ces gens-ci, mais de les laisser en liberté, parce que si cette œuvre vient des hommes elle se dissipera d'elle-même; mais si elle vient de Dieu vous ne sauriez la détruire, et il est à craindre que vous ne vous opposiez à Dieu. »

Nos hommes d'État, qui se donnent, pour partisans des faits accomplis, cesseraient-ils de les admettre et de les reconnaître quand ces faits consommés sont des révolutions. Or, encore une fois, nous n'avons point fait autre chose dans *l'Évangile du Peuple* que de mettre la lettre biblique en harmonie avec le mouvement actuel de l'humanité, commencé en 89 et perpétué jusqu'à nos jours à travers la révolution de 1830.

Nous avons expliqué le Livre éternel par la croissance infinie de l'humanité. Au lieu de ressembler à ces conservateurs du chaos social qui, dans leur insolence et leur impiété, veulent mettre des bornes à l'action de Dieu et la retenir dans leur frêle politique, nous avons promis à la création humaine des progrès illimités; nous lui avons promis, après les sombres journées de labeur, d'hésitations et d'essais incertains, la plénitude calme et solennelle qui résulte de l'accomplissement.

Loin du reste de condamner avec désespoir les maux du présent, nous les avons regardé, avec patience, comme les épreuves nécessaires d'un ordre providentiel à venir qui doit reconstituer toutes choses dans la paix. Si c'est là de l'excitation et de la haine, nous ne savons plus ce que dans le langage chrétien on nomme espérance et amour.

Il est vrai que nous ne pouvons nous résoudre à considérer l'état présent du monde comme l'état définitif ; mais nous ne sachons pas que personne en France ait la folie de vouloir nous imposer cette conviction. Autrement nous déclarons qu'en voyant le pauvre condamné pour toujours à sa misère, le coupable au mal, le faible à la servitude, Jésus-Christ aurait droit de revenir à son Père, la face pâle et découragée, et lui montrant ses plaies inutiles, son flanc vainement ouvert, de lui dire : « Père, pourquoi m'avez-vous envoyé ? »

Ayons meilleure foi dans les desseins de la Providence, et espérons que, puisque le présent est déjà préférable au passé, l'avenir viendra encore remplir bien des promesses restées en arrière, fermer bien des plaies regardées maintenant comme incurables. C'est dans cet espoir calme et bienveillant, plutôt que dans la compression et la verge de fer, que nous plaçons le remède aux inquiétudes farouches et aux soulèvements indomptables de notre société.

Nous n'ignorons pas que nous vivons à un moment de transition.

Qu'on comprenne donc bien notre idée. A la fois ennemi du désordre et de la servitude, nous nous tenons à une égale distance des doctrines qui veulent conserver la société dans un état de malaise et de celles qui, par des moyens inopportuns, voudraient lui imposer de vive force un bonheur prématuré. Les gouvernements et les révolutions doivent imiter Dieu, qui respecte assez l'homme pour lui laisser choisir librement des destinées meilleures quand il pourrait le forcer à les subir.

Mais en même temps que nous blâmons les efforts qui tendraient à violer les lois éter-

nelles du développement humain, nous condamnons, et avec des paroles certes bien plus
sévères encore (car les premiers pèchent seulement par un désir excessif du bien), ceux
qui travaillent à retenir les peuples dans la
sombre immobilité du chaos : ces gens-là vont
contre Dieu, qui est mouvement et progrès;
ils vont contre la tradition chrétienne, qui
consacre le dogme de la perfectibilité; ils vont
contre le sentiment de l'apôtre, qui déclare
formellement l'humanité en train de s'avan-
cer sans cesse par des mutations et des renou-
vellements vers ses destinées immuables [*].

Au nombre des choses muables qui sont
maintenant en voie de progrès vers un renouvellement à venir nous placerons en premier
lieu le mal. Ici se trouve la raison philoso-
phique de cette prédilection qu'on nous reproche pour les conditions malheureuses et
viciées.

La notion du mal prend différents caractères,
suivant les sphères où on la transporte : dans
l'ordre moral le mal est la violation du devoir; dans l'ordre physique, le mal est la dé-
[...] toujours la souf-

---

[*] Heb, XII, 26, 27.

france ; dans l'ordre social , le mal est la misère et l'infortune.

Le mal s'étend si bien comme cause unique à tous ces désordres qu'avant que le progrès de l'intelligence les eût dégagés on les enveloppait tous sous une même donnée et sous une réprobation commune. A Rome la misère était considérée comme un crime ; au moyen âge, les fous, les lépreux et les hystériques étaient jetés dans les prisons avec les malfaiteurs.

Eh bien, tout en regardant le mal comme un désordre, et par conséquent comme une chose mauvaise, car autrement il faudrait faire violence au langage et rejeter toute la tradition humaine, nous croyons le mal destiné, après une longue et douloureuse expiation, à s'effacer du monde.

Le mal, qui est le contraire du bien, tend à se rencontrer avec celui-ci dans un terme unique et final qui sera l'ordre. C'est cette réconciliation et cette alliance commencée en Jésus-Christ, mais qui ne recevra son accomplissement que dans l'humanité, dont l'apôtre entend parler quand il dit : «Il est notre paix, lui qui a réduit les deux en un, détruisant par sa chair la muraille des inimitiés qui les divisait. »

Le mal, qui étend aujourd'hui ses ombres sur presque toute la société, est destiné, selon nous, à disparaître et à fuir devant la civilisation croissante, comme ces ténèbres qui se retirent au ciel devant la marche ascendante du soleil. Chassé peu à peu par la force envahissante et lumineuse de l'ordre universel, il doit finir par se plonger lui-même au sein de l'éternelle nuit. L'intolérance chrétienne, comme l'entendent certains esprits bornés, tend à reculer cette décroissance du désordre et même à éterniser le mal, en relevant sans cesse entre le mal et le bien *cette muraille des inimitiés qui les divisent* et que Jésus-Christ est venu détruire. Au contraire, en attirant sur les victimes du mal une compassion juste et motivée, nous avons contribué, pour notre part, à former des bons et des mauvais, selon le vœu de saint Paul, *un seul nouvel homme qui les mît en paix*, sans toutefois prétendre pour cela confondre les notions actuelles de la morale, qui subordonnent avec raison les coupables aux justes.

Le mal est, dans l'état présent des choses, l'épreuve et l'initiation du bien ; c'est le chaos recouvert d'une nuit profonde au sein duquel s'agitent confusément, dans les tristes et vastes solitudes de notre société, les éléments informes d'une création à venir. A mesure que la pensée gagne ces froides régions du désordre et de la mort, la vie, l'ordre, le mouvement se déterminent : or la vie n'est que la manifestation du bien, comme le néant est le caractère du mal.

Étant de ceux qui ont foi dans la Providence et dans l'avenir, nous croyons que cette création progressive, ramenant peu à peu la lumière sur la nuit du mal, finira par l'envahir tout à fait. Les races de prostituées et de forçats sont au nombre de ces régions froides que le soleil du bien n'a point encore éclairées, que la société n'a point encore conquises. Nous les croyons toutes appelées à rentrer dans l'ordre. Cet envahissement du bien devant lequel le mal doit céder et se soumettre comme la nuit se soumet au jour, par l'action même des lois naturelles, nous semble digne de préoccuper à cette heure tout esprit sérieux, car ce n'est au fond que le rayonnement de la Divinité se dégageant peu à peu des ombres du chaos humain.

Hâter cette alliance du bien et du mal,

autrement dit de ce qui est avec ce qui n'est pas encore (car le mal n'est, dans sa notion dernière, que l'ignorance ou le néant), nous paraît l'œuvre propre à notre siècle ; il faut, par des moyens sages et modérés sans doute mais efficaces, ramener les natures dissidentes et insoumises à l'ordre universel ; il faut, suivant le langage profondément poétique des livres saints, réconcilier Satan avec Dieu.

L'éternité du mal est un dogme barbare inventé dans des âges d'ignorance où le mal régnait presque uniquement, et devant lequel la conscience humaine se révolte de nos jours avec justice.

Satan, qui n'est dans nos croyances que la sombre personnification du mal, ne gémira point éternellement dans la nuit ; Satan se repentira : alors, agitant avec effort ses longues ailes couvertes de poussière et de ténèbres, il reprendra son vol vers les clartés du ciel.

Il nous reste à combattre une dernière objection. Quelques-uns ont reproché à notre livre d'avoir dénaturé l'esprit de l'Évangile relativement à ce que les catholiques nomment la mortification de la chair. Nous ferons d'abord observer que « ce culte affecté et cette austérité qui n'épargnent point la chair ont bien quelques apparences de sagesse, mais qu'en privant le corps de l'honneur de la nourriture qui lui est dû*, » ils ne vont à rien moins qu'à insulter et qu'à détruire l'œuvre de Dieu.

Ces idées de compression et de mortification des sens ont pris un développement insensé dans un temps où elles étaient nécessaires pour faire réaction au matérialisme païen ; elles avaient alors une haute raison que l'histoire doit apprécier, et nous aimons à y reconnaître le doigt de la Providence : mais perpétuée en principe, indéfiniment, cette guerre de l'esprit contre la matière tend à établir dans la création un dualisme absurde et impie par lequel une moitié de l'œuvre de Dieu se révolterait constamment contre l'autre. Celui qui a fait l'homme esprit et chair a voulu que ces deux termes vécussent en bonne intelligence, tout en les soumettant sans doute à des lois de dépendance mutuelle que la simple raison suffit à déterminer.

* Saint Paul.

Le dogme de la résurrection de la chair que les catholiques transportent au-delà de cette vie, dans un monde inconnu, doit, selon nous, commencer ici-bas son accomplissement lorsque le corps humain *spiritualisé, corpus spirituale,* aura suffisamment participé à toutes les gloires de l'intelligence. La matière, qui était le siége du mal et que le christianisme a eu raison de soumettre pour cette cause à une épreuve douloureuse, tend, en s'approchant de plus en plus des facultés de l'âme, à s'épurer et à s'améliorer. Elle ne formera plus alors avec l'esprit qu'un seul et même terme dont l'un ne pourra se développer au détriment de l'autre sous peine de briser les lois fondamentales de notre nature.

En réhabilitant la chair dans ces conditions justes et raisonnables, nous n'avons fait que rendre au corps humain l'honneur qui lui est dû, comme au rayonnement visible et palpable de la beauté éternelle; nous avons tiré une moitié de la création de l'ombre où la retenait un puritanisme aveugle qui, ne tenant aucun compte de la forme, allait chercher Dieu à des profondeurs nuageuses et vagues où l'on ne saurait jamais le saisir.

Voilà quelles ont été nos idées en faisant

l'Évangile du Peuple : ces idées nous avons cru les voir écrites sous le voile du symbole dans ce Livre éternel qui, interprété de siècle en siècle par la révélation croissante de l'esprit de Dieu, rattachera toujours à lui le mouvement de l'humanité.

Replaçons maintenant la question sur le terrain judiciaire. Il s'agit, dit-on, d'outrage à la morale publique, accusation chimérique s'il en fût jamais et devant laquelle nous éprouvons plus d'étonnement que de colère. Mais d'abord, qu'est-ce que la morale ?

Si l'on a eu la patience de suivre le fil de nos idées, on reconnaîtra que la morale est l'expression de la conscience publique : ce que tout le monde croit et admire est bien, ce que tout le monde nie et repousse est mal.

Il suit de là que la morale est variable ; car elle dépend de la conscience, laquelle se forme elle-même sur les notions du bien et du mal, qui changent avec les siècles.

L'histoire nous offre mille exemples de ces mutations morales : à Sparte le vol n'était point considéré comme un délit, à Rome la prostitution était en honneur, et certains signes suspendus aux maisons de débauches en indiquaient publiquement l'usage.

Le christianisme, en faisant prévaloir les idées spiritualistes sur les doctrines contraires, changea la conscience du genre humain et substitua une morale pure, austère, réservée au libre dévergondage des anciens.

Toutefois, le progrès se continuant dans l'humanité sous l'empire des idées philosophiques, la conscience et la morale, qui en est l'expression, se modifièrent sensiblement d'âge en âge. C'est ainsi que nous avons de la peine à nous représenter aujourd'hui comme de simples fautes des actes d'infraction religieuse qu'on punissait dans l'Église primitive par le sac et la cendre.

Les notions du mal subirent les mêmes transformations dans l'ordre intellectuel. On a brûlé des hérétiques au moyen âge pour nier des mystères que la raison générale, c'est-à-dire, par conséquent, la morale publique, n'admet plus à cette heure que comme de grandes figures.

A mesure que le genre humain développe ses croyances il déplace les limites de la morale : de telle sorte qu'à part quelques notions immuables et éternelles qu'on retrouve partout et à tous les âges des peuples, comme le sentiment de Dieu et l'horreur du sang, la conscience humaine est soumise à un progrès climatérique dont elle ignore les lois, mais qu'elle suit nécessairement.

Cette conscience publique se formant, comme nous l'avons dit, sur un petit nombre de vérités que chaque âge amène progressivement est intimement liée par conséquent à l'ordre intellectuel. Dès qu'un peuple pense différemment de certaines choses importantes qui règlent le mouvement du monde, comme de la religion ou de la philosophie, les doutes de son esprit ne tardent pas à se communiquer à la conscience, laquelle réagit ensuite sur l'ordre pratique pour le modifier. De notre temps, par exemple, quelques intelligences supérieures ont mis en problême si la société avait le droit de détruire l'homme, créature de Dieu; la conscience publique ne tarda pas à hésiter : pour peu qu'elle se détermine tout à fait dans le sens des idées humaines plus nettement posées, elle arrêtera le bras de l'exécuteur dans ses fonctions.

Nous en dirons autant pour ce qui nous regarde. Du jour où la raison publique commence à douter, comme maintenant, de l'éternité du mal, la conscience ni la morale n'ont plus le droit d'admettre la perpétuité du bagne. Tout se tient logiquement, fatalement dans le monde, et le même rire voltairien qui ébranla l'enfer sur ses antiques fondements attaqua dans ses bases tout notre vieux système pénitencier.

Est-ce à dire pour cela que nous n'admettons présentement ni bien, ni mal, ni lois, ni devoirs? En vérité, nous ne voyons pas trop comment cela découlerait de nos paroles. En appelant sur la tête du coupable des châtiments moins sévères et moins révoltants pour nos idées, en exhortant à ramener au bien ces natures déviées au lieu de les souder pour toute la vie à un boulet, en demandant si la société ne serait pas pour quelque chose dans les crimes de ces hommes et si certaines institutions qui manquent encore à notre gouvernement, une fois créées, ne parviendraient point à effacer cette race de Caïn, nous n'avons rien fait que n'aient fait avant nous les esprits éminents de notre siècle, et à leur tête l'auteur de *Claude Gueux*.

En annonçant aux forçats une rentrée et un pardon, en proclamant dans l'avenir l'abolition de ces hommes, nous avons au contraire établi la notion du mal ; car le mal est cette chose muable qui passe toujours en tendant vers un état meilleur, tandis que le bien demeure éternellement.

Nous en dirons autant des prostituées.

Réhabiliter dans l'état présent des choses, et telle qu'elle est, la fille de joie ne serait déjà pas une entreprise si nouvelle : Béranger l'a fait dans l'une de ses délicieuses chansons, *les deux Sœurs de charité,* que tout le monde sait par cœur. — Eh bien, nous ne l'avons pas fait : nous avons voulu que la courtisane se réformât avant de prendre place au grand banquet de famille ; nous avons demandé une larme à Madeleine.

Quant à la tolérance qu'on a le courage de nous reprocher pour ces sortes de femmes, nous répondrons que, depuis Madeleine et la Samaritaine, le christianisme a toujours montré pour ces brebis perdues une tendre prédilection. Saint Jacques, dans une de ses épîtres, parle avec respect « de Rahab, cette femme de mauvaise vie qui fut justifiée par ses œuvres lorsqu'elle reçut dans sa maison des espions d'Israël et qu'elle les renvoya par un autre chemin que le lieu ordinaire. »

Or que fait ici la Bible ? Ce que nous avons

fait nous-même en attirant la bienveillance sur quelques bonnes qualités de ces femmes dont le monde se détourne avec un dégoût amère et un rire implacable. Cette tolérance est-elle d'ailleurs, de notre part, oisive et funeste ? Non, en vérité ; elle tend, au contraire, à tirer du bourbier où elles gémissent actuellement ces pauvres colombes tombées pour les faire remonter par des voies de conciliation et de douceur, les seules efficaces selon nous, les seules possibles, vers une réforme et une renaissance.

En tout ceci nous ne voyons pas, en vérité, ce qu'un tribunal, fût-ce celui de l'inquisition elle-même, trouverait à condamner.

Nous soutenons donc avoir avancé la seule morale qui convint à notre temps, non plus cette morale intolérante et farouche qui regardait le mal comme un élément éternel, immuable, insoluble, mais une morale vraiment religieuse qui, ne pouvant admettre rien d'essentiellement imparfait dans l'œuvre de Dieu, regarde le mal comme une condition éventuelle de notre nature ou de l'état social, comme un élément encore inorganisé, mais en travail et en mouvement versd es forma-

´tions à venir, en un mot comme l'état rudi-
mentaire du bien.

Le journal dénonciateur qui a écumé sur
notre livre avec une rage si burlesque a paru
surtout scandalisé de ce point de vue que le
monde avançait moins par les natures immo-
biles dans le bien que par les natures inquiètes et turbulentes qui, mal à l'aise dans
le mal, s'agitent pour en sortir et entraînent
dans leur mouvement les destinées du monde.
Or ici nous n'avons plus besoin d'élever la
voix, l'histoire se charge de la réponse, et
l'histoire c'est Dieu. Qu'est-ce que Luther?
un moine révolté qui a rompu avec le célibat
et avec l'Église. Qu'est-ce que Mirabeau? un
sujet rebelle, un enfant prodigue qui a brisé
les liens du mariage, de la famille et de la société. Au premier, cependant, nous devons la
liberté religieuse, au second la liberté politique.

Tous les esprits sérieux commencent à le
reconnaître : si notre société a été jusqu'ici
informe et souffrante, si elle s'agite encore
de nos jours avec des secousses et des inquiétudes infinies vers un avenir meilleur, c'est
qu'elle est incomplète; il lui manque un élément. Cet élément, que quelques-uns nom-

ment *démocratie,* n'est au fond que la portion laborieuse, souffrante ou coupable du peuple que l'État n'a pas encore su s'associer. Conquérir au bien-être et à l'ordre les classes inconstituées qui traînent dans la société ennemie une vie flottante et incertaine est tout le travail actuel de la civilisation. Qu'est-ce autre chose, sinon de faire passer l'élément social de l'état brut où il n'offre partout que l'image du chaos et de la confusion à une forme organisée ? Selon le langage même de la Bible, c'est créer. Or toute création implique l'idée d'une force inhérente et virtuelle qui entraîne le néant vers la vie, le mal vers le bien. Cette force jusqu'ici mal définie et à peine observée a pris de notre temps le nom de *progrès.* C'est en effet le travail intérieur et gradué des êtres qui les pousse, selon des lois nécessaires, à l'exercice de toutes leurs facultés, à la jouissance de tous leurs droits, à un bonheur matériel convenable. Les prolétaires, les prostituées et les forçats forment à trois échelons, très-différents sans doute, la portion malheureuse ou mauvaise de la société, c'est-à-dire par conséquent celle qui est le plus susceptible de progrès et dont la rentrée dans l'État amènera avec elle le repos et

le bonhéur pour toutes les classes en les har-
moniant toutes dans l'unité.

Nous le demandons : qu'y a-t-il là qui heurte
la morale la plus sévère? Nous voulons détruire le mal : le grand crime ! ou plutôt nous
prétendons qu'il disparaîtra et qu'il s'effacera
de lui-même, par le progrès de la civilisation,
sous l'action bienfaisante de la Providence.

En religion nous n'avons pas davantage *blas-
phémé,* quoi qu'en disent les rédacteurs de *l'U-
nivers religieux* *. Tout en maintenant la pri-
mauté de *l'esprit* sur *la chair* que le dogme chrétien a, selon nous, irrévocablement consacrée
dans le monde, nous n'en avons pas moins
témoigné pour cela notre admiration et notre
respect envers la matière, car la matière c'est
encore Dieu, mais c'est Dieu sous les conditions
inférieures de la limite et de la forme. Nous
avons voulu que l'homme développât toutes
ses tendances selon les lois naturelles, sans
les fausser par une compression funeste ni
sans les étendre outre mesure par une ambi-
tion immodérée de la vie, de manière à ne

---

* Et ce sont ces mêmes hommes violents, furieux, tri-
vialement grossiers qui osent nous accuser de passion et
d'oubli des convenances !

rien rompre dans l'harmonie des êtres, mais
à maintenir toutes choses à la fois dans leur
ordre de dépendance et de liberté. Nous avons
reconnu dans l'économie et l'administration
du monde une volonté intelligente qui dis-
pose tout pour le mieux. Enfin nous avons
rattaché tout le mouvement religieux au
Christ, le regardant comme l'initiateur et
comme le symbole des diverses transformations que l'humanité doit subir depuis sa
naissance jusqu'à sa résurrection. Elle est
née comme lui au commencement parmi les
animaux et a été déposée dans nos sociétés sur
la crèche de la misère, mais c'est pour arriver, à travers le travail d'une longue passion
et à travers les ombres de la mort, au renouvellement immortel qui doit glorifier en elle
jusqu'aux membres débiles, blessés ou souf-
frants qu'elle traîne misérablement depuis
des siècles sur une terre stérile.

Voilà ce que nous avions à dire au public.

Certes, nous ne craignons point le ca-
chot.

Ce que M. Guizot écrivait en 1822 de la
peine de mort : « La peine de mort est
« vaine ; elle n'est plus qu'une habitude, un
« préjugé, une routine empruntée à des temps

« où en effet elle atteignait son but, où elle
« délivrait réellement le pouvoir de ses enne-
« mis, »nous le dirons aujourd'hui de toutes les
condamnations politiques; elles font des victimes, mais elles ne font plus des exemples.
Dépouillées, surtout en matière de presse,
de tout caractère infamant, elles n'ont d'autre effet que d'irriter les esprits, de créer
contre le gouvernement des haines à mort
perpétuées dans les familles, d'attirer l'intérêt et la compassion de la foule sur les écrivains. En France le péril tente. Voulez-vous
rendre plus fréquents certains délits de presse?
Commencez par frapper ces mêmes délits de
peines sévères, alors tous les esprits jeunes
et remuants s'y porteront. Loin de flétrir ces
châtiments, on a au contraire pris soin depuis vingt ans de les honorer en les infligeant
à des hommes considérables. Nul n'éprouvera
jamais de honte en France à subir des chaînes
portées par les mains illustres de Lamennais
et de Béranger.

Nous aurions pu profiter de l'anonyme pour
nous tenir à l'abri d'un jugement; nous ne
l'avons pas voulu. Fort de notre conscience,
confiant dans les lumières du jury, nous nous
présenterons hardiment à la barre, et déjà

nous nous tenons heureux de pouvoir fournir
à notre pays une nouvelle occasion de témoi-
gner de son intelligence et de sa justice.

FIN.